D1671381

Käte Hamburger

Wahrheit und ästhetische Wahrheit

-Klett-Cotta-

CIP-Kurztitelaufnahme der Deutschen Bibliothek

Käte Hamburger:
Wahrheit und Ästhetische Wahrheit / Käte Hamburger.-
1. Aufl. – Stuttgart: Klett-Cotta, 1979.
ISBN 3-12-933230-8

Erste Auflage 1979
Alle Rechte vorbehalten
Fotomechanische Wiedergabe nur mit Genehmigung des Verlages
Verlagsgemeinschaft Ernst Klett — J.G. Cotta'sche Buchhandlung
Nachfolger GmbH, Stuttgart
© Ernst Klett, Stuttgart 1979
Umschlaggestaltung: Heinz Edelmann, Den Haag
Satz: Heinz Aschenbroich, Stuttgart
Druck: Zechner, Speyer

Für Fritz Martini

Verum mihi videtur esse id quod est.

Augustinus, Soliloquien

Inhalt

Präludierendes

Häufig erscheint das Wort Wahrheit in Äußerungen und Bekenntnissen der Künstler und Dichter, in der Kunstkritik und Ästhetik*. Keineswegs ungewöhnlich oder gar problematisch, des Nachdenkens nicht weiter bedürftig erscheint es uns, wenn Goethe den Dichter im Gedicht „Zueignung" „der Dichtung Schleier aus der Hand der Wahrheit" empfangen läßt; wenn für Schiller „eine poetische Darstellung absolut wahr ist", nahezu umgekehrt der Maler Max Liebermann als die künstlerische Wahrheit die Poesie bezeichnet, „mit der das Genie die Natur auffaßt", Tolstoi die Wahrheit als den Helden seiner Erzählung (Sewastopol), aufruft, Thomas Mann bekennt, „man erzähle Geschichten und forme die Wahrheit, obwohl man auf die letzten Fragen ja doch keine Antwort wisse", der englische Dichter W. H. Auden von der Kunst sagt, sie „entspringe unserer Sehnsucht sowohl nach Schönheit als auch nach Wahrheit", der Maler Mondrian Kunst als Ausdruck nicht des Scheins, sondern der Wahrheit der Wirklichkeit und des Lebens definiert.

Noch reichlicheren Gebrauch macht die Kunst - und nicht zufällig vor allem die Literaturkritik - vom Begriff Wahrheit und setzt ihn als Bewertungskriterium ein. Von vielen Äußerungen Goethes über die Wahrheit der Darstellung sei die negative über Victor Hugos Roman „Notre Dame de Paris" angeführt, daß er „ohne alle Natur und ohne Wahrheit" sei. Als Theodor Fontane Gerhart Hauptmanns Drama „Vor Sonnenaufgang" rezensierte, befand er geradezu den „Ton bei Arbeiten wie diesen" entscheidend, da „er gleichbedeutend mit der Frage von Wahrheit oder Nicht-Wahrheit sei". Daß „mehr Wahrheit in einer Tragödie von Racine als in sämtlichen Dramen Victor Hugos" sei, wird in Prousts „A la recherche du temps perdu" festgestellt. In seiner Grabrede auf Ödön von Horvath spricht Carl Zuckmayer aus, daß dieser Dichter dem strengen Orden eingeschworen war, der nur ein Gelübde, das der Wahrheit, kennt. Aber auch „triefende Unwahrheit" kann einigen Versen aus der Jugendlyrik Rilkes bescheinigt werden (Rudolf Hartung).

Die natürlich leicht zu vermehrende Auswahl solcher Äußerungen ist beliebig, und es ist in diesen präludierenden Anführungen die Frage nicht

---

* Es sei gestattet, in diesem mehr oder weniger essayistisch unser Thema präludierenden Eingangskapitel diese Äußerungen ohne Angabe der Belegstellen vorzuführen.

gestellt, was hier oder dort mit Wahrheit oder Unwahrheit gemeint sein könnte. Wenn aber das Wort Wahrheit sich leicht und gern, jedoch nur gelegentlich in der Kunstkritik einstellt, so erhält es schwereres Gewicht und prinzipiellere Bedeutung, wenn es zu einem Begriff der Kunstphilosophie, der Ästhetik wird, der Begriff einer ästhetischen Wahrheit sich konstituiert. Schwer wiegt der Satz Th. W. Adornos: „Ästhetik, die nicht in der Perspektive auf Wahrheit sich bewegt, erschlafft vor ihrer Aufgabe." H. G. Gadamer, die Frage nach der „Wahrheit der ästhetischen Erfahrung" stellend, beruft sich auf Hegels „Vorlesungen über die Ästhetik", in denen „die Ästhetik zu einer Geschichte der Wahrheit geworden, wie sie im Spiegel der Kunst sichtbar wird". Von Hegel selbst (bei dem, wie wir sehen werden, die Sache komplizierter liegt) sei an dieser Stelle nur die Feststellung zitiert, „daß die Kunst es ist, welche die Wahrheit in der Weise sinnlicher Gestaltung für das Bewußtsein hinstellt".

Auch in diesen Wahrheitsnennungen im Raum der allgemeinen Ästhetik oder Kunstphilosophie ist der Begriff Wahrheit sozusagen als solcher, in einem weiter nicht differenzierten Sinn oder Bedeutungsgehalt eingesetzt — ein Umstand, der für den Gebrauch des Wahrheitsbegriffs auf dem Felde der Ästhetik charakteristisch und auch symptomatisch ist. Eben dieser Umstand ist der Impuls zu dem Unternehmen, einen so altehrwürdigen Begriff abermals zu erörtern — mit dem Ziel, seine Anwendung im Bereich der Kunst und Ästhetik, die Rede von künstlerischer, dichterischer Wahrheit zu prüfen, die sich zum allgemeineren Begriff einer ästhetischen Wahrheit verfestigt hat.

Damit ist ausgesprochen, daß diese Prüfung nicht vorgenommen werden kann, wenn nicht zuvor der Begriff der Wahrheit selbst befragt und bestimmt zu werden versucht wird. Dies aber kann nicht aus unserer eigenen Machtvollkommenheit geschehen. Sondern wir haben uns zunächst an die Definitionen und Theorien zu halten, die seit Beginn der abendländischen Philosophie, der Metaphysik sowohl als der Logik und Erkenntnistheorie, aufgestellt und diskutiert worden sind und in neuerer Zeit besonders zahlreich auf dem Gebiet der Sprachphilosophie aufgetreten sind. Doch soll dieser Weg nicht unmittelbar beschritten werden. Sondern es werden einige noch vorwissenschaftliche oder vorphilosophische Überlegungen und Beobachtungen vorangeschickt, wie sie gerade dort nicht angestellt zu werden pflegen, wo der Wahrheitsbegriff ein autochthoner Begriff des Philosophierens und Definierens ist.

Damit ist bereits etwas von der Methode unserer Untersuchungen angedeutet. Sie ist induktiv und unterscheidet sich damit von den vorwiegend deduktiven Methoden der Definitionen oder auch intuitiven Erkenntnissen und Feststellungen, die von der Antike bis in unsere Tage bei der Diskussion des Wahrheitsproblems angewandt worden sind. Die induktive Methode ist die der Beobachtung des Vorkommens, des Gebrauchs der Begriffe der Wahrheit und des Wahrseins sowohl in den philosophischen Theorien als auch, und nicht zuletzt, im Alltagsgebrauch unseres Sprechens und Lebens. Sie gelangt damit, wie wir glauben, zu einigen Feststellungen über das Phänomen, das Wahrheit ist und das, soweit ich sehe, in dieser Weise bisher kein Gegenstand der Untersuchung gewesen ist. Es sind diese Feststellungen, die dazu verhelfen, den Begriff einer ästhetischen Wahrheit genauerer Prüfung zu unterziehen.

Über den Wahrheitsbegriff als solchen

Zum Gebrauch des Wahrheitsbegriffs

Der Begriff der Wahrheit oder des Wahren ist alt, aber er ist nicht ver-
altet, in dem Sinne wie es etwa, mehr oder weniger, die Begriffe des Schönen und des Guten sind, mit denen er — und zwar in nicht ganz zutreffender Weise — zur platonischen Ideentrias des Wahren, Guten, Schönen zusammengestellt wird. Wenn es zutrifft, daß in einem annähernd genauen
Sinn der Begriff des Guten der Ethik, der des Schönen der Ästhetik zuge-
wiesen werden kann, so stimmt die triasbedingte übliche Zuordnung des
Wahren und der Wahrheit zu Erkenntnis und Wissenschaft keineswegs
mit dem Phänomen überein, das mit dem Wahrheitsbegriff benannt wird.
Im Unterschied zu dem des Guten und des Schönen ist er in Anwendung
auf nahezu allen Gebieten der Philosophie und der Geisteswissenschaften
(aber bezeichnenderweise auf dem der Naturwissenschaft nicht): er
gehört der Ethik an und der Ästhetik, erscheint als Problem der Logik
und Erkenntnistheorie, der Metaphysik oder Ontologie, der Geschichts-
und Religionsphilosophie, der Hermeneutik und der Semantik. Die alte
Frage „Was ist Wahrheit?" wird heute gestellt wie eh und je und geht in
die modernsten z.B. sprachtheoretischen und formallogischen Theorien
ein. Ja, diese Frage selbst ist ein Indizium für die Sonderstellung des
Wahrheitsbegriffs. Weder das Schöne noch das Gute, um bei der traditionellen Trias zu bleiben, hat zur Urgenz und Permanenz einer solchen
Frage je so viel Anlaß gegeben wie der Begriff der Wahrheit. Die Gründe
dafür werden, wie ich hoffe, im Gange unserer Untersuchung erkennbar
werden.

Die Verteilung des Wahrheitsbegriffes auf die durch die genannten Disziplinen bezeichneten Bereiche des geistigen Lebens — auf die wir in den
folgenden Betrachtungen genugsam zu sprechen kommen werden — hat
nun ihre Entsprechung in dem weit verbreiteten Vorkommen der Worte
Wahrheit und wahr in der Rede und Schrift des täglichen Lebens: von der
banalen Feststellung, daß etwas wahr ist oder nicht (die ebenso häufig in
der Frageform auftritt) bis zu Aussagen auf höherer Ebene. Richten wir
auch nur bei der täglichen Zeitungslektüre[1] unsere Aufmerksamkeit auf

---

[1] Die bunte Fülle der in der Zeitung zur Rede stehenden Gegenstände aus

dieses Wort, wird uns die Häufigkeit seines Auftretens bewußt, zugleich aber auch dies, daß wir uns dabei über den verschiedenen Sinn seiner Anwendung keine Gedanken zu machen pflegen. Wie unbeschwert die heterogensten Bedeutungen des Wahrheitsbegriffs nebeneinander stehen können, zeigt die folgende Zeitungsäußerung, die sich mit dem Fall des aufsässigen konservativen Bischofs Lefèvre beschäftigt. „Er erklärte, daß das zweite Vatikan-Konzil und Papst Paul VI. . . . die Wahrheit Christi nicht mehr vertreten . . . Wenn es wahr ist, daß die Päpste fast immer italienische Politik gemacht haben . . .“ (Stg. Ztg. 31.8.76). Wird in einer Besprechung von Solschenizyns „Archipel Gulag III“ gesagt, daß „die grausige Wahrheit, die der berühmte Künstler der Welt offenbart, durchsetzt sei von einem . . . Element tendenziöser Unwahrheit“ (Die Zeit 29.10.76), so hat Wahrheit wiederum einen anderen Sinn als etwa in einer Rezension der Frankfurter Nazarener-Ausstellung: in der es heißt, daß „der flächige Symbolismus der Farbe den Drang der Malerei zur Wahrheit des Sonnenlichts nicht verhindere“ (Stg. Ztg. 7.5.77). Der verschiedene Sinn, in dem auch nur das dem Substantiv Wahrheit gegenüber anspruchslosere und gängigere Adjektiv gebraucht wird, erscheint in einer Äußerung wie dieser: „Das alles ist erschreckend banal. Es ist darum doch nicht weniger wahr, da doch im Gegensatz zu einem verdrehten Satz Adornos, nach welchem das Banale nicht wahr sein könne, dieses stets wahr ist“ (Merkur Juni 1976). Da hatte Jean Améry, von dem die Äußerung stammt, mit dem Attribut wahr etwas anderes im Sinn als der kritisierte Adorno.

Es mag unüblich sein, ein so großes und anspruchsvolles Thema der Philosophie mit einer kleinen, dem Sprach- und Alltagsgebrauch entnommenen Anzahl von Äußerungen zu beginnen, in denen die Begriffe Wahrheit und wahr bzw. ihre Negation in verschiedenster und zwar teils deutlicher teils weniger deutlicher Weise vorkommen. Doch glauben wir, mit diesem induktiven Verfahren, der Eigentümlichkeit, ja der „Einzigartigkeit“ des Wortes wahr (wie es der Logiker Gottlob Frege einmal genannt

---

allen Gebieten des Lebens, den politischen und den unpolitischen, den wirtschaftlichen und den kulturellen, dem unbegrenzten Bereich der großen und kleinen Vorkommnisse des täglichen Lebens der Nationen wie der Stadt-und Landbewohner macht die Zeitung zu einem reichen Beobachtungsfeld für den Gebrauch der Worte Wahrheit und wahr. Daß die im Folgenden angeführten Zeitungszitate der „Stuttgarter Zeitung“ und dem Wochenblatt „Die Zeit“ entnommen sind, hat den kaum erwähnenswerten Grund, daß ich gerade diese Zeitungen lese.

hat)[2] näher kommen zu können als es mit mehr oder weniger deduktiven Bestimmungen möglich ist.

So hat nun auch diese — beliebig zu vermehrende — Auswahl von Wahrheitsäußerungen hier nur den Zweck, etwas von dieser Einzigartigkeit aufleuchten zu lassen. Einer ihrer Aspekte ist die Tatsache, daß die Wahrbegriffe unser sprechendes Leben durchziehen wie kein anderes Attribut; ein anderer ist der, soweit ich sehe, nicht beachtete oder thematisch gewordene Umstand einer mindestens zwiefachen, nämlich wertfreien und werthaltigen Bedeutung dieses Begriffs. Daß und in welcher Weise diese in jener fundiert ist, wird Gegenstand späterer Erörterungen sein. An dieser Stelle sei nur hervorgehoben, daß nicht nur die Häufigkeit der Wahrbegriffe mit dieser zwiefachen Bedeutungshaltigkeit zusammenhängt, sondern nun gerade auch die Wertqualität, die sie enthalten, ihren Gebrauch in einem prädominierenden Sinn prägt, Die Berufung auf die Wahrheit eines Sach- oder Sinnverhalts ist zum mindesten von einer bestimmten Wertpositivität gefärbt, für die man in vielen Fällen andere werthaltige Begriffe einsetzen kann. Nur soviel sei hier ausgesprochen, daß ein dominierender Sinn von Wahrheit der eines sehr hohen, ja ich wage zu sagen des höchsten Wertbegriffs ist, der das menschliche Leben leitet und ihm einen Maßstab setzt.

Wahrheitstheorien

Mit dem Kriterium dieser allgemeinen Wertqualität können wir uns jedoch nicht begnügen. Erst dann kann die Prüfung der Anwendbarkeit des Wahrheitsbegriffs im ästhetischen Bereich zu Resultaten führen, wenn der Begriff einer Analyse seines Bedeutungsgehalts und seiner strukturellen Beschaffenheit unterzogen worden ist. Dies soll, wie gesagt, mit Hilfe der Wahrheitsbegriffe und Wahrheitstheorien geschehen, die die Geschichte der Philosophie in großer Fülle angeboten hat, wobei wir uns auf die wichtigsten beschränken dürfen. Auch dann kann es sich nicht darum handeln, diese Theorien referierend zu mustern und nochmals eine wie immer gekürzte Geschichte des Wahrheitsbegriffes aufzutischen. Dies haben philosophische Wörterbücher und Enzyklopädien so-

---

[2] Vgl. dazu Fußnote 33.

wie, besonders in neuerer Zeit, gründliche Darstellungen geleistet, denen natürlich die folgenden Überlegungen verpflichtet sind.[3] Es soll vielmehr versucht werden, diesen Theorien[4], die ihrem Zwecke gemäß primär definitorischen Charakters sind, Einsichten in die Struktur des Wahrheitsbegriffs oder besser des Phänomens Wahrheit abzugewinnen, das als solches eben nicht, oder nur am Rande, ein Problem der Wahrheitstheorien gewesen ist. Denn es ist, wie uns scheint, eine besondere strukturelle Konstanz und Eindeutigkeit, die den Wahrheitsbegriff auszeichnet und ihn von anderen Begriffen seines philosophischen Ranges unterscheidet.

Unsere Überlegungen setzen an der heute vor allem gültigen *Korrespondenz- oder Übereinstimmungstheorie* an. Sie geht auf zwei Stellen in der „Metaphysik" des Aristoteles zurück. Die eine lautet: „Sagt man, das Seiende sei nicht oder das Nichtseiende sei, so ist dies falsch; sagt man aber, daß das Seiende sei, und daß das Nichtseiende nicht sei, so ist dies wahr" (1011 b). Die andere Stelle drückt den gleichen Sachverhalt direkter und konkreter aus: „Nicht durch das bloße Fürwahrhalten, daß du weiß seiest, bist du weiß, sondern weil du weiß bist, reden wir wahr, wenn wir das behaupten" (1051 b).

Nicht zufällig verweisen die modernen Wahrheitstheorien, so diejenige A. Tarskis, auf Aristoteles.[5] Seine Formulierung ist insofern modern, als sie bereits die Übereinstimmung oder „Adäquatio", die einen Sinn von Wahrheit begründen soll, als sprachlich fixierte versteht, während die später, in der Scholastik von Thomas von Aquin begründete, traditionell gewordene Wahrheitsdefinition „adäquatio rei et intellectus" mit dem Begriff intellectus einen Unbestimmtheitsfaktor enthält, der denn auch auf die verschiedenste Weise angewandt und ausgelegt worden ist. Die Sätze des Aristoteles werden noch geprüft werden. Für jetzt ist festzuhalten, daß sie als erste Formulierung einer semantischen Wahrheitskonzeption gelten, für die diejenige Tarskis maßgeblich wenn auch nicht unumstritten ist. In dem Aufsatz „Die semantische Konzeption der Wahrheit und die

---

[3] Es sei verwiesen auf die Bücher von: J. Möller, Wahrheit als Problem. München/Freiburg 1971. — L. B. Puntel, Wahrheitstheorien in der neueren Philosophie, Darmstadt 1978. — Wahrheitstheorien. Eine Auswahl aus den Diskussionen über Wahrheit im 20. Jahrhundert. Hrsg. und eingeleitet von G. Skirbekk. stw 210. Frankfurt a. M. 1977.

[4] Wir dürfen uns dabei auf die zentralen Theorien beschränken, die auch die für unser Thema relevanten sind.

[5] Siehe Fußnote 6.

Grundlagen der Semantik" (1944)[6] ist sie am einfachsten dargelegt. Sie beschreibt die an sich gängige, auch vorlogisch oder vorsemantisch verstandene Wahrheitsauffassung, daß eine Aussage (oder auch ein Urteil) wahr ist, wenn sie mit dem, über das sie aussagt, übereinstimmt, und falsch, wenn sie es nicht tut. Dies ist der Inhalt des aristotelischen Satzes oder wird so, nämlich dahin verstanden, daß die Wahrheit oder das Wahrsein dem „Aussagen", also der Aussage zukommt. Tarski formuliert das in dem Beispiel: „Die Aussage ‚Schnee ist weiß' ist wahr genau dann, wenn Schnee weiß ist". Die semantische Präzision geht bei Tarski so weit, daß dieser traditionelle Ausdruck der Korrespondenz von Aussage und Aussageobjekt noch differenziert wird: und zwar in „die Aussage selbst", die auf der rechten Seite der Äquivalenz steht, also die Worte „Schnee ist weiß", und den „Namen der Aussage" auf der linken Seite (der deshalb in Anführungsstrichen steht). Es liegt uns nicht ob, zu dieser Definition Stellung zu nehmen. Für unseren Zweck kommt es nur darauf an, sie als Ausdruck der linguistisch-semantischen d.h. ganz und gar als Problem der Aussage aufgefaßten Wahrheitstheorien zu kennzeichnen. Die Korrespondenz oder, wie es hier heißt, die Äquivalenz, die Wahrheit definieren soll, wird als Verhältnis zweier Aussagen gesetzt, von denen die eine, die nur als Name einer Aussage bestimmt ist, wahr ist, wenn sie mit der anderen, die denselben Wortlaut hat, äquivalent ist. „Die Wahrheit" wird hier „als semantischer Begriff" bestimmt.

Nur kurz sei in diesem Zusammenhang die durch den Wiener Kreis (Carnap, Neurath, Schlick, Hempel) aktuell gewordene *Kohärenztheorie* der Wahrheit erwähnt, sie definiert Wahrheit als den widerspruchsfreien Zusammenhang von Sätzen eines (wissenschaftlichen) Aussagesystems.[7] Gegen diese auch innerhalb des Wiener Kreises umstrittene Theorie hatte denn auch M. Schlick geltend gemacht, daß ein solches Kohärenzkriterium der Wahrheit ebensogut auch für ein erdichtetes Märchen gelten könnte.[8] Diese — heute weiter ausgestaltete — Theorie ist nur zur Sprache gebracht als Zeugnis für die radikale „Versprachlichung" — wenn man so sagen darf — des Wahrheitsproblems, die dem von Wittgenstein

---

[6] Dieser Aufsatz ist abgedruckt in: Zur Philosophie der idealen Sprache. Deutscher Taschenbuch Verlag WR 4113). München 1972. Er wird nach dieser Ausgabe zitiert. Die im Text angeführten Sätze stehen S. 57/58 und 60 (jetzt auch abgedruckt in der in Fußnote 3 genannten Ausgabe von Skirbekk).
[7] Dazu im einzelnen L.B. Puntel, Wahrheitstheorien, S. 173 f.
[8] Ebd., S. 180.

begründeten modernen Problem der Philosophie als einem sprachlichen entspricht.

Für die Diskussion unserer Problematik ist die Korrespondenztheorie, die auch noch der semantisierten Tarskis zugrundeliegt, fruchtbarer als die Kohärenztheorie, die im Grunde keinen sinnvollen Begriff von Wahrheit mehr definiert. Es ist die Korrespondenztheorie, die die Ambivalenz des Wahrheits- bzw, Wahrseinsbegriffes enthält, welche letztlich die Ursache der seit Aristoteles bis heute anhaltenden Diskussion ist. In der Tat ist in gewisser Weise Aristoteles dafür verantwortlich, daß sich die Rede von wahren und falschen Urteilen, Aussagen, Sätzen in die abendländische Logik und Sprachtheorie eingebürgert und damit die Zweideutigkeit des Wahrheitsbegriffs fixiert hat. Er hat die Begriffe ἀληθές und ψενϑος mit dem des Sagens oder Redens, λεγεῖν, verbunden und damit nicht nur den „Gegensatz von wahr und falsch begründet, sondern auch die Zuordnung von wahr zu Urteil, Aussage, Satz. Aber befragen wir den Originaltext, so ist zu beachten, daß er nicht die Adjektive ἀληθής und ψευδῆ aufweist, sondern die Substantive τὸ ἀληθὲς und τὸ ψεῦδος (Lüge, Unwahrheit). Der Satz „τὸ μεν γὰρ λέγειν τὸ ὄν μὴ εἶναι ἤ τὸ μὴ ὄν εἶναι ψεῦδος, τὸ δε τὸ ὄν εἶναι καὶ τὸ μὴ ὄν μὴ εἶναι ἀληθες" (1011 b) müßte also so wiedergegeben werden: Zu sagen, das Seiende sei nicht oder das Nichtseiende sei, ist die Unwahrheit; zu sagen, das Seiende und das Nichtseiende sei nicht, aber die Wahrheit. Aristoteles spricht nicht von wahren und falschen Aussagen, sondern vom Sagen der Wahrheit und Unwahrheit. Wie auch die Verbformen, die er in diesem Zusammenhang auch gebraucht, ἀληθεύειν und ψεῦδεῖν die Wahrheit bzw. die Unwahrheit sagen, bedeuten. Deutlicher als in dem Satz 1011 b kommt das in dem Satz 1051 b vom Weißsein zum Ausdruck: „. . . διὰ τὸ ςε εἶναι λευκὸν ἡμεῖς δὲ φάντες τοῦτο αληθεύομεν", „weil du weiß bist, sagen wir, die das sagen, die Wahrheit".

Die genauere Beobachtung der grammatischen Form dieser für die Aussagetheorie der Wahrheit gern herangezogenen Beispiele des Aristoteles zeigt, wie uns scheint, daß in dem Ausdruck „die Wahrheit sagen" oder „wahr reden" das Gewicht auf dem Wort Wahrheit und nicht auf dem Wort sagen liegt. Nun ist gewiß niemals festzustellen, ob Aristoteles Sinnverhalte dieser Art bei seiner Terminologie intendiert hat. Für die Problematik der Korrespondenztheorie als solcher ist nur wesentlich, daß die Einführung des Begriffes „falsch", die Rede von wahren und falschen Urteilen, die Bedeutung des Wahrbegriffes nicht vollständig haben erkennen, sie sozusagen terminologisch haben überspielen lassen.

Für die Fragen, die nun an die Korrespondenztheorie der Wahrheit gestellt werden sollen, dürfen wir von der völlig semantisierten Form bei Tarski absehen und uns begnügen mit ihrer gängigen Form. Aus Gründen, die später deutlicher werden, ist dafür besser als die Aussage „Schnee ist weiß" eine Aussage dieser Form geeignet: Die Aussage, „der Präsident ist zurückgetreten" ist wahr, wenn der Präsident zurückgetreten ist. Sie ist falsch, wenn der Präsident nicht zurückgetreten ist. Es ist nicht das Wort „falsch" sondern das Wort „wahr", das hier der Prüfung unterzogen wird. Wenn wir die lesend oder hörend als Behauptungssatz erfahrene Nachricht „Der Präsident ist zurückgetreten" in die Frageform bringen: „Ist es wahr, daß der Präsident zurückgetreten ist?", so können wir die Antwort erhalten: „Ja, es ist wahr." Aber wenn es nicht der Fall ist, daß der Präsident zurückgetreten ist, so würde die Antwort nicht lauten „Es ist falsch", sondern „Es ist nicht wahr". Die Aussagetheorie der Wahrheit würde zwar dagegen einwenden, daß auch in der Frage „Ist es wahr, daß . . ." die Form der Aussage impliziert, daß „es" zu ersetzen sei durch „die Aussage (oder Nachricht), daß . . ." Doch der Sprachgebrauch des Wortes „wahr" — um das es sich in den Aussagetheorien allein handelt — entspricht nicht der auf die Aussage beschränkten Wahrseinsdefinition. Verhält es sich so, daß die Bezeichnung „wahr" der Aussage und nicht vielmehr dem in ihr Ausgesagten zuzuschreiben ist?

In gewisser Weise drehen sich die Überlegungen Gottlob Freges um dieses Problem. Wenn es in seiner Schrift „Der Gedanke" (1918) heißt: „In der Form des Behauptungssatzes sprechen wir die Anerkennung der Wahrheit aus. Wir brauchen dazu das Wort wahr nicht"[9], so scheint er die Aussagen- oder (wie es bei ihm noch heißt) Urteilswahrheit aus dem Spiel lassen zu wollen. Die Gewichtsverlagerung des Attributs „wahr" auf das *Objekt* des Urteils wird deutlicher betont in der Feststellung: „Was ich als wahr anerkenne, von dem urteile ich, daß es wahr sei ganz unabhängig von meiner Anerkennung seiner Wahrheit . . ."[10] — eine Feststellung, die sich auch in den Formulierungen des Aristoteles erkennen läßt. Was aber die Wahrheitsbenennung der Aussage betrifft, so wird sie in der Tat in folgender Überlegung als „überflüssig" erklärt; „. . . daß der Satz ‚ich rieche Veilchenduft' doch wohl denselben Inhalt hat wie der Satz ‚es ist wahr, daß ich Veilchenduft rieche'. So scheint denn dem Gedanken dadurch

---

[9] In: G. Frege, Logische Untersuchungen. Hrsg. von G. Patzig. Göttingen 1966, S. 35.
[10] Ebd., S. 50.

nichts hinzugefügt zu werden, daß ich ihm die Eigenschaft der Wahrheit beilege"[11]. Frege hat damit schon ausgesprochen, was in der modernen „analytischen Philosophie" vornehmlich englischer Provenienz auch erkannt und als die *Redundanztheorie* der Wahrheit bezeichnet wird. Von ihren Vertretern sei hier A. J. Ayer zitiert: „Kommen wir zurück zur Analyse der Wahrheit, so finden wir, daß in allen Sätzen der Art ‚p ist wahr' die Wendung ‚ist wahr' überflüssig ist. Sagt man zum Beispiel, die Proposition (der Satz, die Aussage) ‚Königin Anna ist tot' sei wahr, so ist damit nichts gesagt als daß Königin Anna tot ist. Und wenn man sagt, die Proposition ‚Oxford ist die Hauptstadt Englands' ist falsch, so sagt man damit bloß, daß Oxford nicht die Hauptstadt Englands ist."[12] „Die Termini wahr und falsch", sagt Ayer, „sind ohne Bedeutung und fungieren im Satz nur als Zeichen der Bejahung und Verneinung."[13]

Bleiben wir noch einen Augenblick bei dieser die Korrespondenztheorie der Wahrheit eliminierenden Feststellung und den dabei angewandten Termini, so scheint es verwunderlich, daß auch Ayer im Grunde nicht die eigentlich zutreffenden Begriffe für die ein Faktum p feststellende oder negierende Aussage gefunden hat. Es verhält sich doch offenbar nicht ganz so, daß zwischen dem Satz und dem in ihm Ausgesagten p keine Beziehung bestünde, auch wenn der Begriff „wahr" als nicht zutreffend erkannt ist und deshalb die Wendung „ist wahr" (bzw. „ist falsch") als überflüssig, redundant bezeichnet wird. Der Satz „Königin Anna ist tot" ist jedoch nicht als solcher die Bejahung dieses Faktums. Der Terminus, der hier eingesetzt werden müßte, aber als solcher keine Korrespondenztheorie der *Wahrheit* formuliert, ist „richtig". Erst dieser Ausdruck hat eine bejahende Funktion, und sein legitimer Gegensatz ist „falsch", als verneinender Begriff. (Wie man denn von richtigen und falschen Lösungen mathematischer oder anderer Aufgaben und Probleme spricht.) Es soll nicht bestritten werden, daß im Sprachgebrauch die Begriffe richtig und wahr nicht säuberlich auseinander gehalten werden. Sie haben die Bedeutung des Zutreffens gemeinsam. Aber hören wir genau auf den semantischen Gehalt der beiden Begriffe, so ist ein Bedeutungsunterschied zu registrieren. Frage ich:„ Ist es richtig, daß der Präsident zurückgetreten ist?", so ist der Bezug auf die Nachricht, die Aussage, die das

---

[11] Ebd., S. 34.
[12] A. J. Ayer, Language, Truth and Logic (1936). Zitiert nach der dt. Übersetzung von H. Herring, Sprache, Wahrheit und Logik, Stuttgart 1970, S. 116.
[13] Ebd.

behauptet, weit eindeutiger als in der Form „Ist es wahr?". Das Attribut „richtig" verlagert nicht wie „wahr" sein Schwergewicht auf das behauptete Faktum; es hat, wie man sagen kann, keine connotierende Bedeutung von So*sein*. Die Skepsis, die die Redundanztheorie in bezug auf den Ausdruck „wahr" als Eigenschaft der Aussage zum Ausdruck gebracht hat, sollte beherzigt werden; die Rede sollte von richtigen und falschen Aussagen oder Urteilen sein. Sehen wir jedoch von dieser terminologischen Überlegung ab; wichtiger ist, daß die Redundanztheorie zwar die Wahrbezeichnung der Aussage als überflüssig erklärt, aber den semantischen Gehalt des Wahrbegriffs nicht weiter analysiert hat. Er erscheint nicht in der ein Faktum *behauptenden* Aussage, sondern erst, wenn dieses Faktum in Frage gestellt wird, in der oben bereits angeführten Form: Ist es wahr, daß ...? Hatten wir im obigen Zusammenhang nur darauf aufmerksam gemacht, daß die negative Antwort nicht „falsch" sondern „nicht wahr" lautet, so ist jetzt die darin enthaltene Bedeutung des Wortes „wahr" ins Auge zu fassen. Es zeigt sich, daß es nichts anderes bezeichnet als etwas das „ist", um jetzt nur bei dieser allgemeinsten wenn auch nicht ausreichenden Bestimmung zu bleiben. Das heißt: der Ausdruck „ist es wahr, daß ..." bzw. die Bestätigung „es ist wahr" ist identisch mit „es ist (so und so)." Wenn die Korrespondenztheorie der Wahrheit sich des Wahrbegriffes nicht begeben will, so müßte sie lauten: Die Aussage „p" ist richtig, wenn es wahr ist, daß p. Das Wort „wahr" wäre zwar auch dann noch redundant, aber es würde den Bedeutungsgehalt des Wahr- und Wahrheitsbegriffes hervortreten lassen und damit die Korrespondenz, die zwischen der Aussage als einer richtigen und zwischen dem Wahrsein des in ihr Ausgesagten besteht.

„*Verum mihi videtur esse id quod est*" (wahr scheint mir das zu sein was ist). Dies ist ein Satz Augustins aus den „Soliloquien"[14], den Alleingesprächen des Philosophen A. mit seiner ratio, seiner Vernunft, in deren zweitem Teil das Wahrheitsproblem — ohne den religiös-theologischen Hintergrund wie in der Schrift „De vera religione" — als rein erkenntnistheoretisches Problem erörtert wird. Gegen die Einwände seiner „Vernunft", daß es nichts Falsches (falsum) geben könne, weil alles was ist wahr ist, behauptet A. die durch das „est" begründete Definition des Wahrseins, indem er das falsum als Täuschung über das was ist definiert: „Miror si quidquam (falsum) aliud erit quam quod non ita est ut videtur" (Ich wundere mich, wenn Täuschung etwas anderes wäre als was nicht so

---

[14] Augustinus, Soliloquia, Zürich 1954, S. 134.

ist wie es scheint).[15] Eine andere Stelle unterstreicht gerade dies an einem Nichtseienden, nämlich der Medeasage: „Wenn man erzählt, Medea sei mit einem Gespann geflügelter Schlangen geflogen, ahmt das überhaupt nichts Wahres nach, denn so etwas gibt es nicht, und etwas das überhaupt nicht ist, kann nicht nachgeahmt (d. h. hier wahr genannt) werden."[16]

Der Satz Augustins „Verum mihi videtur esse id quod est" ist als Ausdruck der ontologischen Wahrheitsbestimmungen verzeichnet worden.[17] Im Zusammenhang unserer gegenwärtigen Überlegungen soll dieser Satz als ein Angelpunkt, als Übergang zur Erörterung dieser Wahrheitstheorien und der mit ihnen zusammenhängenden Evidenztheorien dienen, zuletzt aber zur weiteren Analyse des „est", das im Wahrheitsbegriff enthalten ist, wenn zureichend auch noch nicht in dem Augustinischen Satze selbst.

Die ontologische Wahrheitsbestimmung geht im wesentlichen auf Platon zurück und erhält hier durch die Zuordnung zu *dem* Seienden (τὸ ὄν) das für Platon allein Sein ist, zur Idee, metaphysischen Charakter. Im 10. Buch des „Staates" findet sich die deutlichste Stelle. Hier wird nicht nur dem Maler, der ein Bett malt, sondern auch dem Tischler, der ein „wirkliches" Bett zimmert, bestritten, daß er ein Bett „nach seiner Wahrheit" macht, die allein die Idee des Bettes ist (Steph. 392). Für die Phänomenologie des Wahrheitsbegriffs kommt es hier nur darauf an, daß der Bezug auf Seiendes konstituierend in ihm mitgedacht ist, gleichgültig wie das Seiende aufgefaßt ist, ob als dinglich reale oder begrifflich ideale Beschaffenheit. Dennoch erscheint auch schon bei Platon etwas von der Ambivalenz des Wahrheitsbegriffs. Manchen Stellen kann entnommen werden, daß Wahrheit nicht bloß der Idee sondern auch der Erkenntnis zugeordnet wird. Im „Philebos" heißt es z. B., daß Erkenntnis, die sich auf das, was ewig dasselbe ist, bezieht, wahrer sei als Erkenntnis, die sich auf das Werdende und Vergehende bezieht (Steph. 61). In seiner bedeutsamen Schrift „Platons Lehre von der Wahrheit" (1947) hat Martin Heidegger am Höhlen- und am Sonnengleichnis der „Politeia" nachgewiesen, daß ein Wandel in Platons Wahrheitslehre zu bemerken ist, eine Angleichung des ἰδεῖν (Schauen, Erkennen) an die ἰδέα, und Heidegger (selbst ein Vertreter der ontologischen Wahrheitsauffassung) nennt dies bezeichnenderweise die Methode des richtigen Denkens, der ὀρθότης.

---

[15] Ebd., S. 136.
[16] Ebd., S. 179.
[17] J. Möller, A. a. O., S. 32.

„So entspringt aus dem Vorsprung der ἰδέα vor der ἀλήθεια eine Wandlung des Wesens der Wahrheit. Wahrheit wird zur ὀρθότης, zur Richtigkeit des Vernehmens und Aussagens."[18]

Es ist interessant, daß Kant bei der Erörterung „der alten und berühmten Frage . . .: Was ist Wahrheit" und zwar der „adäquatio rei et intellectus", von der auch er noch ausgeht, das „bloß logische Kriterium der Wahrheit, nämlich die Übereinstimmung einer Erkenntnis mit den allgemeinen formalen Gesetzen des Verstandes" nicht für hinreichend ansah, weil dabei „von allem Inhalt der Erkenntnis" abstrahiert werde, „Wahrheit aber gerade diesen Inhalt angeht"[19]. Für diese, die „(objektive) materiale Wahrheit muß Erkundigung außer der Logik eingezogen werden"[20]. Für den Erkenntnistheoretiker Kant aber ist eben diese materiale Wahrheit des Objekts kein der Analyse würdiger oder bedürftiger Gegenstand, weil „ein allgemeines Kennzeichen dieser Wahrheit unmöglich angegeben werden könne"[21]. Deshalb zieht er sich auf den Bereich zurück, in dem eine „Logik der Wahrheit" widerspruchslos konstituiert werden kann, die „transzendentale Analytik" als den Teil der „transzendentalen Logik", der „die Elemente der reinen Verstandeserkenntnis vorträgt"[22]. Dem „verum mihi videtur id quod est" weicht der Erkenntnistheoretiker in sozusagen demselben Sinne aus wie die Theoretiker der Aussagenwahrheit. Die „Erkundigung außer der Logik" ist ihm ebenso suspekt wie den Aussagetheoretikern die Erkundigung außer der sprachlichen Form, der formalisierten Sprache.

Es ist die Ambivalenz der „ontologischen" und „logischen" Tendenzen in der Auffassung und Definition des Wahrheitsbegriffs, die wir, unter Absehung chronologischer Gesichtspunkte, als Problem der erörterten Theorien sichtbar machen wollten. Im Begriffe der Korrespondenztheorie selbst ist diese Ambivalenz schon enthalten. Wenn die extremste Form der Korrespondenztheorie, die Tarskische, von der wir ausgegangen

---

[18] M. Heidegger, Platons Lehre von der Wahrheit, Bern 1947, S. 42.
[19] Kritik der reinen Vernunft (Transzendentale Logik III) in: I. Kants Werke. Hrsg. E. Cassirer. Berlin 1922, Bd. III, S. 84/85.
[20] Ebd., S. 86.
[21] Ebd., S. 85
[22] Ebd., S. 87.

waren, das Wahrheitskriterium in der Übereinstimmung der Aussagen begründet, so wird in dem Maße, in dem der Realitätsbezug des Wahrheitsbegriffs berücksichtigt wird, die nahezu polar entgegengesetzte Theorie, die *Evidenztheorie*, erreicht. Sie ist, nach Ansätzen bei Franz Brentano, von Edmund Husserl aufgestellt bzw. so benannt worden und hat bei Heidegger, ohne ausdrücklich mit dem Begriff Evidenz gekennzeichnet zu sein, ihre sozusagen am meisten ontologische Gestalt erhalten.

Husserl hat den Begriff der Evidenz in seinem Zusammenhang mit Wahrheit in dem Kapitel „Das Ideal der Adäquation. Evidenz und Wahrheit" des 2. Bandes der „Logischen Untersuchungen" (3. Auflage 1922) erörtert. Es ist die Formel der adäquatio rei et intellectus, auf der er fußt. Denn es kommt nicht auf einen Aussageakt sondern auf einen Erkenntnisakt (intellectus) an. Indem nun der Begriff der Adäquation ersetzt wird durch, oder besser gesteigert wird zu dem der Evidenz, ja „das Ideal der Adäquation" die Evidenz liefert"[23] wird begrifflich eine weit stärker „identifizierende Deckung" des erkennenden, „meinenden" Aktes und des „gemeinten" Gegenstandes zum Ausdruck gebracht als durch den Begriff der bloßen Adäquation. „Die Evidenz ist ... der Akt jener vollkommensten Deckungssynthesis." Der Gegenstand, gleichgültig ob ein individueller oder allgemeiner, ist nicht bloß *gemeint* sondern, als in eins gesetzt mit dem Meinen, *gegeben*. Und nun ist entscheidend, daß als das „objektive Korrelat" des Evidenzaktes „Sein im Sinne der Wahrheit oder auch Wahrheit"[24] gesetzt wird. Damit wird Wahrheit mit Sein gleichgesetzt, jedenfalls durch Sein konstituiert. „Sein" hat Hegel einmal eine „arme Bestimmung, ja die allerärmste, die abstrakteste" genannt.[25] Sie ist es auch hier, so unvermittelt vor allem wie der Begriff Sein eingesetzt ist, doch offenbar zu verstehen als abstraktive Bezeichnung des Seinseins des seiend Gegenständlichen. An einer folgenden Stelle wird denn auch „die Wahrheit ... das Gegenständliche" genannt[26]. Zu vermerken ist jedenfalls die an sich gleichfalls unvermittelte identifizierende Zuordnung von Wahrheit zu Sein. Dennoch handelt es sich bei Husserl natürlich nicht um eine derart unkomplizierte ontische Wahrheitsbestimmung. Der Evidenz genannte Erkenntnisakt kann nicht eliminiert werden. Die Schwierigkeit liegt, von Husserl selbst zugestanden, darin, daß Evidenz an sich

[23] E. Husserl, Logische Untersuchungen II, 2. Halle 1922, S. 121.
[24] Ebd., S. 122.
[25] Hegel, Encyclopädie ... Hrsg. G. Lasson, Leipzig 1911, S. 80.
[26] Log. Untersuchungen, a.a.O., S. 123.

schon als Akt vollkommenster Deckungssynthesis von „Gemeintem und Gegebenem" definiert wurde. Und so heißt es denn auch, Wahrheit „sei im jetzigen (auf die Evidenz bezogenen) Sinn die zur Aktform gehörige Idee . . ., die Idee der absoluten Adäquation als solcher". Es werden weitere Möglichkeiten der Wahrheitsdefinition erörtert und als „das Passendste" gefunden, „die Begriffe Wahrheit und Sein so zu differenzieren, daß die Begriffe von Wahrheit . . . auf die Seite der Akte selbst . . . bezogen werden, die Begriffe von Sein (Wahrhaftsein) auf die zugehörigen gegenständlichen Korrelate"[27]. Doch scheint die Schwierigkeit zu entscheiden, auf welcher Seite die als „Idee der absoluten Adäquation" definierte Wahrheit sozusagen in Sicht kommt, damit nicht behoben. Das beruht zweifellos zuletzt auf Husserls Phänomenologie der Intentionalitätsstruktur des Bewußtseins, die besagt, daß Bewußtsein immer nur Bewußtsein von etwas ist. Die korrelative Verflechtung von Bewußtseinsakt und Bewußtseinsinhalt, von Noesis und Noema, kehrt in der Korrelation von Evidenz und Wahrheit wieder. — Die Frage soll hier nicht erörtert werden, ob es denn eigentlich Wahrheit ist, die in einem Evidenzakt „erlebt" wird, ob die „volle Selbsterscheinung des Gegenstandes" als Resultat der Evidenz genannten „vollkommensten Deckungssynthesis" von Gemeintem und Gegebenem wirklich als Wahrheit zu bezeichnen ist und nicht vielmehr nur eine Definition von Wahrheit abgibt.[28]

Es ist der zentralen Bedeutung und Funktion des Wahrheitsproblems bei Heidegger nicht angemessen, wenn wir an dieser Stelle nur kurz die für unsere Zwecke wesentlichen Bestimmungen zur Sprache bringen. Was uns dabei angeht, ist die Zuordnung der Wahrheit zum Sein, die Heidegger, der es ausspricht, daß „die Philosophie von altersher Wahrheit und Sein zusammengestellt" hat[29], weit entschiedener als Husserl vollzieht. Und wiederum wäre es unangemessen, den Heideggerschen Grundbegriff

---

[27] Ebd., S. 125.
[28] So sagt auch G. Patzig in seinem Aufsatz „Husserls Thesen über das Verhältnis von Wahrheit und Evidenz" (Neue Hefte für Philosophie (1971) H.l., S. 12–32): „Obwohl wir uns daran gewöhnt haben, ‚evident' als einen starken Ausdruck für ‚wahr' zu benutzen, ist doch die Evidenz eines Satzes ursprünglich keineswegs die Evidenz seiner *Wahrheit*" (S. 15). — Vgl. auch die umfassende Darstellung von E. Tugendhat, „Der Wahrheitsbegriff bei Husserl und Heidegger. Berlin 1967 (zum Evidenzproblem S. 91/92).
[29] M. Heidegger, Sein und Zeit, Halle 1927, S. 212.

in und von „Sein und Zeit" mit Hegel als arm zu bezeichnen. Denn eben dies war die grundlegende Bedeutung dieses Werkes von 1927, daß die Frage nach dem „Sinn von Sein" gestellt wurde, d. h. die Frage nach *dem* Sein, das „Seiendes als Seiendes bestimmt"[30]. Im Zusammenhang unseres Problems — und bereits in Hinsicht auf das Wahrheitsproblem der Kunst bei Heidegger — bedarf es hier nur der Erwähnung, daß das Thema von „Sein und Zeit" das Seinsverständnis ist, in dem wir leben, d. h. der Seinssinn *des* Seienden, das „wir selbst sind" und das von Heidegger als „Dasein" im Sinne von Existenz bezeichnet ist. Obwohl die Zuordnung von Wahrheit zum Sein vor allem in Hinsicht auf das Dasein erfolgt, können wir davon absehen und nur die rein erkenntnistheoretische Seite von Heideggers Wahrheitsbegriff ins Auge fassen.

Heidegger sieht nicht davon ab, daß Wahrheit auch der Aussage zugesprochen wird und setzt nicht wie Husserl von vornherein einen adäquatisierenden Evidenzakt an. Aber indem er, auf die oder eine griechische Bedeutung von Aussage zurückgreifend, der Aussage die heutzutage nicht in ihrem Begriff gelegene Bedeutung von ἀποπάνϛις „Aufzeigung" oder „Entdeckendsein" zuschreibt, wird die bloße Übereinstimmungsstruktur des Begriffs „wahre Aussage" überwunden und letztlich doch eine Art von Evidenzakt, ein Vorgang unmittelbaren „Sichtigwerdens" definiert. „Die Aussage ist wahr, bedeutet: sie entdeckt das Seiende an ihm selbst. Sie sagt aus, sie zeigt auf, sie ‚läßt sehen' (ἀποπάνϛις) das Seiende in seiner Entdecktheit. Wahrsein (Wahrheit) der Aussage muß verstanden werden als entdeckend-sein."[31] Nun geht daraus freilich nicht unmittelbar hervor, daß das Seiende in seiner Entdecktheit Wahrheit ist. Aber Heidegger geht wiederum zurück auf griechische Etymologie, die Grundbedeutung des mit Wahrheit übersetzten Wortes ἀλήϑεια, das Unverborgenheit bedeutet. Das „Seiende im Wie seiner Entdecktheit" d. h. seiner Unverborgenheit ist also Wahrheit.[32]

---

[30] Ebd., S. 6.

[31] Ebd., S. 218.

[32] Nur anmerkungsweise sei zur Sprache gebracht, daß die Existenzialisierung von Wahrheit (wie man sagen könnte), nämlich die Zuordnung nicht nur zum Seienden, sondern auch und wesentlich zum „Dasein", durch recht gewaltsame, etymologisch begründete Verfügungen erfolgt. Indem das „Wahrsein" (Wahrheit) der Aussage bereits als „entdeckendsein" definiert wurde, wird durch Ausklammerung von „Aussage", die ja eine Verhaltensweise, eine „Verhaltung des Daseins" (S. 220) ist, nun einfach das „Wahrsein als entdeckendsein ... eine Seinsweise des Daseins"

Worauf es uns bei diesen ontologischen Wahrheitsdefinitionen an-kommt, ist die Zuordnung der abstrakten Begriffe Sein bzw. Seiendes und Wahrheit. Zweierlei ist aus ihr zu entnehmen. Sie macht erkennbar oder bringt zum Ausdruck, daß Wahrheit kein absoluter Begriff, genauer kein Begriff absoluter Gegebenheiten ist, sondern die Struktur einer Relation und zwar einer Abhängigkeitsrelation hat. Wahrheit ist ein seinsbedingtes Phänomen, bezogen auf „Seiendes", und zwar nicht, wie später noch näher erörtert werden wird, als eine Eigenschaft des Seienden, sondern als konstitutionell zu ihm gehörig, derart daß in der ontologischen Sprache das Sichtigwerden des Seienden sich als Wahrheit offenbare. Wenn aber wie bei Husserl ein Identitätsverhältnis von Sein und Wahrheit statuiert wird, so verfehlt das in der hypostasierenden Abstraktion Sinn und Struk-tur des Wahrheitsbegriffes, aber damit eben auch *den* Sinn von „Sein", der im Gebrauche der Wahrheits- und Wahrseinsbegriffe erscheint. Damit ist schon angedeutet, was zweitens die Zuordnung der Abstrakta Sein und Wahrheit lehrt: eben dies, daß sie als Abstrakta unbestimmt ja sinnleer sind, weil sie Abstraktionen dessen sind was wir wiederum mit der Augu-stinischen Formel „verum mihi videtur id quod est" fixieren können. Daß auch diese Formel nicht ausreicht, die Struktur der Wahrbegriffe zu beschreiben, ist der Gegenstand der folgenden Erörterungen.

Versuch einer Strukturanalyse des Wahrheitsbegriffs

Die Augustinische Formel, genauer das id quod est, reicht, wie gesagt, nicht aus, die Struktur und die Anwendung des verum zu bestimmen. Es ist der Bedeutungsgehalt des „est", der genauerer Analyse unterzogen werden muß. Es verhält sich nicht so, daß das, was ist, an sich schon wahr ist, d. h. mit dem Prädikat des Seins und selbst des Soseins auch schon das des Wahrseins sinnvoll verbunden werden kann. Der Tisch, der vor mir steht, „ist" zwar, aber es ist sinnlos zu sagen, daß er wahr ist. Dies gilt auch dann, wenn bestimmte Eigenschaften von ihm benannt werden: daß

---

genannt (ebd.) und Wahrheit sowohl als Entdecktheit wie als Entdeckend-sein definiert. Ja, das „primäre" Wahrsein wird dem Entdeckendsein, also dem Dasein zugeschrieben, während das Entdecktsein nur Wahrheit im sekundären Sinne ist. Damit soll Wahrheit als Existential verstanden oder gesetzt sein, der Satz gewonnen werden können: „Dasein ist in der Wahr-heit" (S. 221).

er rund oder viereckig ist. Die Aussagentheorien der Wahrheit haben dies gewiß bemerkt und Wahrheit deshalb für die Aussage, die über das, was ist, gemacht und deshalb wahre Aussage genannt wird, reserviert. Wir wagen nun zu behaupten, und führen die schon oben versuchten, auch durch die Redundanztheorie gestützten Argumente fort, daß in den Korrespondenztheorien der Aussage der Begriff „wahr" nicht nur redundant sondern falsch eingesetzt ist, ja daß Begriff und Phänomen des Wahrseins und der Wahrheit durch sie nicht definiert ist. Dies aber hängt mit der undifferenzierten, den Sprachgebrauch vernachlässigenden Setzung der Art von „Sein" zusammen, auf die das Prädikat „wahr" angewandt wird. Nicht ohne Grund wählten wir statt eines Beispiels von der Art „Schnee ist weiß" (Tarski) die Aussage „Der Präsident ist zurückgetreten". Es scheint gerade für eine exakte Strukturanalyse der Wahrbegriffe notwendig, sich dort umzusehen, wo sie gebraucht, und nicht dort, wo sie definiert oder spekulativ entworfen werden. Es zeigen sich dann folgende Verhältnisse.

Selbst wenn wir im Sinne der Korrespondenztheorie den Begriff „wahre Aussage" festhalten, so beziehen wir das Wort „wahr" schon als solches nicht auf etwas, das bloß ist, sondern auf etwas, das den Charakter von Vorgängen, Umständen, Verhaltensweisen, Situationen hat, kurz auf etwas, *das der Fall ist.* Und es hängt mit dieser Grundbedeutung von „wahr" zusammen, daß, wie oben erörtert, die Bezeichnung der Aussage als wahre Aussage nicht zutreffend ist, sondern die Korrespondenz oder Äquivalenz der Aussage mit dem Ausgesagten nur als „richtig" bezeichnet werden kann, dessen Negation eben „falsch" ist. Wittgenstein hat in eine der Wahr-Definitionen im „Logisch-Philosophischen Traktat" das Attribut des der-Fall-seins aufgenommen: „Einen Satz verstehen, heißt wissen, was der Fall ist, wenn er wahr ist" (4.024). Auch hier ist zwar das Wahrseins-Attribut dem Satz zugeschrieben; aber die Formulierung ruft dennoch mehr die Bestimmung des Wahrseins durch das der-Fall-sein in die Vorstellung. Wahr ist nicht das, was ist, sondern das, was der Fall ist. Das „est" der Augustinischen Formel erhält erst durch diese Erweiterung Sinn.

„Die Bedeutung des Wortes ‚wahr' scheint ganz einzigartig zu sein", sagt G. Frege im Gange seiner Überlegungen (auf die wir später noch zurückkommen werden).[33] In der Tat ist die Einzigartigkeit dieses Wortes, und damit des Wahrheitsbegriffs, durch die obigen Feststellungen noch

---

[33] Frege, Log. Untersuchungen a.a.O., S. 34.

nicht erschöpfend beschrieben. Wenn auch die Gleichung „wahr" und „der-Fall-sein" stimmig ist, so geht der Begriff „wahr" dennoch nicht in dem des der-Fall-seins auf, und umgekehrt dieser nicht in jenem. Dies erhellt sich primär daraus, daß wir keineswegs unmittelbar diese Identifikation vornehmen, wenn wir z. B. lesend oder hörend Nachrichten über dies und jenes, was der Fall ist oder gewesen ist, vernehmen. Die Identifikation von Wahrsein und der-Fall-sein ist erst das Resultat eines reflektorischen Vorgangs, der das, was der Fall ist oder gewesen ist, auf irgendeine Weise reflektiert, einer Frage, einem Zweifel etwa unterzieht. „Wenn es wahr ist, daß die Päpste fast immer italienische Politik gemacht haben . . ." — dieser Satz stellt die Identität des Faktums, das der Fall war, die italienische Politik der Päpste, mit dem Wahrsein bedingungsweise her, setzt also eine Reflexion über dieses Faktum voraus. „So ist es also wahr, daß man es uns verheimlichen will?" „Ich weiß zwar nicht, ob es wahr ist, aber man behauptete, daß gerade damals in Petersburg eine riesige Gesellschaft aufgespürt worden war." „Herr Lebädkin, ist alles wahr, was ich gesagt habe?" „Ich bitte Sie, sofort zu sagen, ob es wahr ist, daß diese unglückselige lahme Person Ihre rechtmäßige Frau ist." Dies sind Sätze aus einem Roman Dostojewskijs, den „Dämonen"[34], in dem die Wahrseinsformeln auffallend häufig vorkommen, nicht zufällig, weil der Roman in großen Partien dialogisch strukturiert ist und die Fragen, ob dies und jenes wahr sei, sich so natürlich einstellen wie in der Realität des mitmenschlich-kommunikativen Lebens. Nicht zufällig auch, daß in diesem Roman wie im Leben die Wahrseinsformel als direkte oder indirekte Frage auftritt. Die Frage, ob etwas wahr sei oder gewesen sei, ist die im kommunikativen Leben natürlichste und häufigste Form, in der das Wahrsein dessen, was der Fall ist, reflektiert wird. Die Frageform macht es ganz deutlich, daß das Wahrsein dem, was der Fall ist, dem Faktum zukommt. In der Behauptungsform sprechen wir ja nicht eigens das Wahrsein des Faktums, sondern nur das Faktum selbst aus, wie es die Redundanztheorie denn auch zum Ausdruck gebracht hat. Die Wahrseinsformel erscheint höchstens dann, wenn — auf eine Frage etwa — das Faktum bekräftigt werden soll: „Es ist wirklich wahr, daß . . ." oder wie in folgender Passage: „Wahr daran ist so viel, daß die Männer der ersten Stunde jedenfalls keine braune Vergangenheit hatten. Wahr ist aber auch, daß . . ." (Merkur, Okt. 1977).

---

[34] Zit. nach Dostojewskij, Die Dämonen, München (Piper) 1921, Bd. I, S. 6, 282.

Im Sprachgebrauch erscheint das Wort „Wahrheit" nicht weniger häufig als das Wort „wahr" bzw. der prädikative Ausdruck „ist wahr". In den Wahrheitstheorien ist jedoch die Frage nicht aufgetreten, ob zwischen den Begriffen des Wahrseins (der Aussage oder des Sachverhalts) und der Wahrheit phänomenologische und semantische Unterschiede bestehen. Ein paar dem Sprachgebrauch entnommene Wendungen, die den Begriff Wahrheit enthalten, sollen zunächst daraufhin geprüft werden.

(1) Recht gibt es nun einmal nicht ohne Gerechtigkeit, und Gerechtigkeit setzt Wahrheit voraus. Diese zu erforschen ist mühsam und langweilig.

(Stg. Ztg. 19.4.77)

(2) Die Wahrheit ist, daß er von seinem großen Lehrmeister dependiert.

(Stg. Ztg. 23.4.77)

(3) Also entschied sich der General für die Wahrheit.

(Die Zeit, 1.4.77)

(4) Aber es wurde die heute in Umrissen sichtbare Wahrheit von den Legenden getrennt, die sie jahrzehntelang zugewuchert hatten.

(Die Zeit, 29.4.77)

(5) Wie auch immer die Wahrheit in diesem Punkte sein mag, Tatsache ist es wohl, daß sich ... ein Bild über die Kassenlage rundete.

(Stg. Ztg. 25.5.77)

(6) Zur Wahrheit gehört freilich auch, daß Gerald Ford ... reichlich glanzlos dasteht.

(Die Zeit, 23.1.76)

(7) Das ist nur die halbe Wahrheit.

(Die Zeit, 4.3.77)

(8) Aus seiner eigenen Erfahrung ... wußte er, daß die ganze Wahrheit nie von denjenigen zu erfahren war, die die Konzentrationslager ... überlebt hatten ...

(Aus dem Roman „Feinde. Die Geschichte einer Liebe" von I. B. Singer)

(9) Die Richtigkeit seiner Argumente war unmöglich zu widerlegen, und wenn er sich trotzdem genötigt sah, dagegen zu sprechen, so mußte das auf Kosten der Wahrheit geschehen.

(F. Kantorowicz, Kaiser Friedrich II.)

Wenn wir glaubten zeigen zu können, daß die Korrespondenztheorien keine Wahrheitstheorien sind, weil das Attribut des Wahrseins nicht der Aussage (dem Urteil oder Satz) zukommt, Wahrheit nicht durch Übereinstimmung der Aussage mit ihrem Gegenstand zu definieren ist, so scheint nun der Begriff der Wahrheit selbst eine Bestätigung dieses Befundes zu sein. Und dies gerade in dem sozusagen natürlichen Gebrauch der mitteilenden Sprache, wie er sich in diesen Beispielen darstellt. Deutlicher noch als die prädikative Wahrseinsformel weist er die Identität seines Sinnes mit einem Faktum, Sachverhalt, mit etwas was der Fall ist oder war, auf. Wird in 1 konstatiert, daß Gerechtigkeit Wahrheit voraussetzt und diese erforscht werden müsse, so meint das Wort „Wahrheit" bestehende Fakten, Umstände, Handlungen (in diesem Falle Straftaten). „Die Wahrheit ist" steht in 2 für „Tatsache ist". In 5 ist Wahrheit etwa für „wie es sich auch immer verhalten haben mag" eingesetzt, und ist, in 7 und 8, von halber und ganzer Wahrheit die Rede, so handelt es sich um Umstände oder Zustände einer Realität, wie ähnlich auch in der Wendung, zur Wahrheit gehöre die Glanzlosigkeit von Fords Amtsführung. Sehr schön zeigt der Satz aus F. Kantorowicz' Werk über Kaiser Friedrich II. (9) den von den Wahrheitstheorien verkannten semantischen Unterschied von Richtigkeit und Wahrheit: die Argumente, die ja aus Urteilen bestehen, werden mit dem Attribut Richtigkeit belegt, mit Wahrheit aber die Fakten — es handelt sich um die Weigerung des Papstes Innozenz III., Friedrich, der noch ein Kind war, zum römischen König zu erheben —, die verleugnet oder zurechtgebogen wurden.

Ein phänomenologisch-semantischer Unterschied zwischen diesem Wahrheitsbegriff und dem des Wahrseins in der Form etwa „ist es wahr, daß . . ." ist zu beobachten. Indem das Substantiv weit eindeutiger und intensiver als das prädikativ gesetzte Adjektiv die jeweiligen Sachverhalte des mit ihm Bezeichneten präsentiert, entfällt sozusagen der reflektorische Vorgang, der mit dem Adjektiv gegeben ist, insofern es in dieser oder jener Weise mit dem, was der Fall ist oder war, identifiziert wird. Und wenn auch das Wort „die Wahrheit" d. h. mit dem bestimmten Artikel, nur dann in Rede und Schrift erscheint, wenn etwas, das der Fall ist oder war, auf irgend eine Weise Gegenstand der Mitteilung, der Untersuchung, Erkundung ist oder sein soll, so fallen in ihm die beiden Gleichungsfaktoren sozusagen in eins zusammen. „Die Wahrheit" — der General entschied sich für die Wahrheit (3) — ist in der Tat nur ein Name für die zur Rede stehenden Sachverhalte. Sagen wir „die Wahrheit wird ans Licht kommen", so ist das, was ans Licht kommt, nicht die Wahrheit, sondern diese oder jene Fakten, Umstände oder Sachverhalte.

Nichts erweist deutlicher als das (mit dem bestimmten Artikel versehene) Substantiv, die Wahrheit, daß der Bedeutungsgehalt von „wahr" Faktizität des der-Fall-seins ist. Wenn wir den naheliegenden Begriff der Realität (oder gar Wirklichkeit) vermeiden und den der Faktizität oder des der-Fall-seins vorziehen, so geschieht das aus demselben Grunde, aus dem das „est" der Augustinischen Wahrseinsformel zu „was der Fall ist" er-weitert werden mußte. Alles, was der Fall ist, gehört zwar zur Realität —und Wittgensteins berühmter Satz „Die Welt ist alles, was der Fall ist" könnte auch diesen Sinn haben —, aber Realität umfaßt auch das, was nicht der Fall ist, sondern nur ist. Doch ist es in diesem Verhältnis begründet, daß wir Wahrheit als eine Kategorie der Realität bezeichnen können — eine Bezeichnung, die aktuell erst wird, wenn Realität in Gegensatz zu einer Nichtrealität tritt, zur Dichtung z. B. und zur Kunst.

In den angeführten Beispielen stellt sich das Wort „die Wahrheit" wertneutral dar, indem es nichts als die jeweilige Faktizität bezeichnet. Indem es aber dieses tut, gewinnt es zugleich den Aspekt, der sehr schön in diesem (schon angeführten) Urteil über Solschenizyns „Archipel Gulag" in die Erscheinung tritt:

> Und dennoch, wenn man sich an die Eidesformel im amerikanischen Gericht halten wollte — ich schwöre, daß ich die Wahrheit sage, nur die Wahrheit, nichts als die Wahrheit — so könnte Solschenizyn die beiden letzten Teile der Formel nicht nachsprechen. Denn die grausige Wahrheit, die der berühmte Künstler in seinem Buch der Welt offenbart, ist durchsetzt . . . von einem Element tendenziöser Unwahrheit.
>
> (Die Zeit, 29.10.76)

Innerhalb dieser Passage vollzieht sich, und zwar auf die natürlichste, dem mitmenschlichen Leben gewohnteste Weise, ein Bedeutungswandel des Wahrheitsbegriffes, der „die grausige Wahrheit", die die neutrale Faktizität bezeichnet, zu einer Forderung macht, der Forderung, die Wahrheit zu sagen. In eigentümlichster Weise verbindet sich im substantivischen Wahrheitsbegriff der Faktizitäts- oder Realitätsgehalt mit der Verpflichtung, eben diesem Achtung zu zollen. In der Rechtswissenschaft gibt es denn auch den Begriff Wahrheitspflicht, definiert als vollständige und wahrheitsgemäße Erklärung über die tatsächlichen Umstände.[35] In der Tat dominiert im Begriffe Wahrheit der im weitesten Sinne ethische

---

[35] Recht. Fischer-Lexikon. Frankfurt a.M. 1971, S. 346.

Anspruch, und man kann sagen, daß er im Bereiche der Ethik seine größte Intensität gewinnt, seine sozusagen absoluteste Negation, die Unwahrheit, die Lüge eben deshalb hier angesiedelt ist.

Wenn jedoch der ethische Gehalt von Wahrheit noch den ihren Begriff konstituierenden Faktizitätsbezug bewahrt, so ist nun zu beobachten, daß in dem Maße, in dem Wahrheit (in substantivischer Form mehr als in adjektivischer) in nahezu allen Sinnbereichen des geistigen Lebens aufgerufen wird, der Begriff sich verabsolutiert, d.h. sich von dem Faktizitätsbezug (des der-Fall-seins) löst bzw. dieser nicht mehr erkennbar ist. Dieser Beobachtung sollen eine Reihe von Zitaten dienen, die nicht den Wahrheitstheorien und -definitionen entnommen sind, sondern dem weiten Bereich der Anwendung des Wahrheitsbegriffs, wo dieser sozusagen als „bekannt" vorausgesetzt ist, undefiniert und mehr oder weniger undifferenziert aufgerufen wird. Der ästhetische Raum wird noch beiseite gelassen; zu ihm führen die folgenden Untersuchungen hin.

Lessing
Nicht die Wahrheit, in deren Besitz irgend ein Mensch ist oder zu sein vermeinet, sondern die aufrichtige Mühe, die er angewandt hat, hinter die Wahrheit zu kommen, macht den Wert des Menschen. Denn nicht durch den Besitz, sondern durch die Nachforschung der Wahrheit erweitern sich seine Kräfte, worin allein seine immer wachsende Vollkommenheit bestehet.

(Eine Duplik)

Goethe
Die Weisheit ist nur in der Wahrheit. (1)
Die Wahrheit gehört dem Menschen, der Irrtum der Zeit an . . . (334)
Das Wahre ist gottähnlich: es erscheint nicht unmittelbar, wir müssen es aus seinen Manifestationen erraten. (862)
Das Wahre ist eine Fackel, aber eine ungeheure. (862)
Zum Ergreifen der Wahrheit braucht es ein viel höheres Organ als zur Verteidigung des Irrtums. (865)
Es ist nicht immer nötig, daß das Wahre sich verkörpere, schon genug, wenn es geistig umherschwebt und Übereinstimmung bewirkt, wenn es wie Glockenton ernst-freundlich durch die Lüfte wogt. (877)
Kenne ich mein Verhältnis zu mir selbst und zur Außenwelt, so heiß ich's Wahrheit. Und so kann jeder seine eigene Wahrheit haben, und es ist doch immer dasselbige. (1150)

Alles was wir Erfinden, Entdecken im höheren Sinne nennen, ist die bedeutende Ausübung, Betätigung eines originalen Wahrheitsgefühls . . .
(1164)

(Maximen und Reflexionen)[36]

Novalis
Der Mensch besteht in der Wahrheit. Gibt er die Wahrheit preis, so gibt er sich selbst preis. Wer die Wahrheit verrät, verrät sich selbst. Es ist hier nicht die Rede vom Lügen — sondern vom Handeln gegen Überzeugung.

(Blütenstaub, Nr. 39)

Kierkegaard
Wenn die Wahrheit Geist ist, so ist die Wahrheit Verinnerlichung . . . das sokratische Geheimnis, das im Christentum, wenn dieses nicht ein unendlicher Rückschritt sein soll, nur durch eine tiefere Innerlichkeit unendlich gemacht werden kann, besteht darin, daß die Bewegung nach innen geschieht, daß die Wahrheit in der Verwandlung des Subjekts in sich selbst besteht.

(Abschließende Unwissenschaftliche Nachschrift I, 34)

Nietzsche
Dieser unbedingte Wille zur Wahrheit, was ist er? Ist es der Wille, sich nicht täuschen zu lassen? Ist es der Wille, nicht zu täuschen? Aber warum nicht täuschen? Warum sich nicht täuschen lassen? . . .

(Fröhliche Wissenschaft, 5. Buch, Schlechta II, 207)

Dieser Glaube an die Wahrheit geht in uns zu seiner letzten Konsequenz — ihr wißt, wie sie lautet —: daß, wenn es überhaupt etwas anzubeten gibt, es der *Schein* ist, der angebetet werden muß, daß die Lüge — und *nicht* die Wahrheit — göttlich ist!

(Aus dem Nachlaß der achtziger Jahre, ebd. III, 918)

Man sieht, daß in diesem Buche der Pessimismus, sagen wir deutlicher der Nihilismus als „die Wahrheit" gilt. Aber die Wahrheit gilt nicht als oberstes Wertmaß, noch weniger als oberste Macht. Der Wille zum

---

[36] Die Numerierung nach der Ausgabe der „Maximen und Reflexionen" von G. Müller. Stuttgart 1947.

Schein, zur Illusion, zur Täuschung ... gilt hier als tiefer, ursprünglicher, „metaphysischer" als der Wille zur Wahrheit ..."

(ebd. 693)

Karl Jaspers
Wir leben im Zeitdasein; Wahrheit ist unser Weg. Unsere höchsten Augenblicke sind unser Innesein des Wahren, sei es im Tun, sei es in der Wirklichkeit des bewegten Bewußtseins ...

(Von der Wahrheit, 1947, S. 1)

Martin Doerne
Die Wahrheit ist nicht nur das unendlich ferngerückte Ziel aller Wahrheitsmühen. Sie ist immer schon gegenwärtig als das Maß, als die Norm unserer wissenschaftlichen Wahrheitsmühe. ... Wahrheit ist nicht bloß ein „Ideal", erst recht nicht eine bloße Ideologie. Sondern Wahrheit ist für dich und mich real als eine Gewissenssache. Es gibt Wahrheit, denn es gibt ein Wahrheitsgewissen.

(Das Wort der Wahrheit Predigten, 1971, S. 57)

Jean Paul Sartre
Meine Wahrheit, meinen Charakter und meinen Namen hatten die Erwachsenen in der Hand.

(Die Wörter, 1965, S. 63)

Vor dieser Gruppe von Äußerungen über Wahrheit stehen wir zweifellos hilfloser als vor der oben (S. 30) aufgeführten. Nicht zufällig entstammen diese Äußerungen einer höheren Denk- und Sprachebene, der Sphäre der Lebensweisheit - oder Philosophie. Sie stehen gewiß jenen Wahrheitsbestimmungen nahe, die wir im Zusammenhang der Wahrheitstheorien erörtert haben, den Evidenztheorien Husserls und Heideggers z. B. Aber sie sind in anderer Weise thematisch als diese. Sie sind nicht ausgerichtet auf eine Definition des Wahrheitsbegriffes als solchen, sondern meditieren über so oder so erlebte Erscheinungsweisen von Wahrheit. Und das heißt: Sie setzen voraus, was Wahrheit ist oder von den Meditierenden als Wahrheit erlebt, empfunden wird, wobei jedoch nicht auf solche Erlebnissubjektivität reflektiert, sondern das jeweils Wahrheit Benannte als objektiv gemeint wird. Darin liegt denn auch die Schwierigkeit des Nachvollzuges des jeweils gemeinten Wahrheitssinns. Denn eben darin unterscheiden sich die meisten der hier aufgeführten Wahrheitsnennungen von denen der ersten Gruppe, daß Wahrheit hier offenbar nicht als identisch mit einem der-Fall-sein verstanden werden kann. In der Tat bleibt ein solches Moment ganz außerhalb der Rezeption, wenn wir Sätzen wie diesen Goetheschen begegnen: „Das Wahre ist eine Fackel"; „Es ist nicht immer nötig, daß das Wahre sich verkörpere, schon genug, daß es geistig umherschwebt und Übereinstimmung bewirkt"; „Die Wahrheit gehört dem Menschen, der Irrtum der Zeit an". Oder einem diesem Goethesatz nahezu entgegengesetzten von Jaspers: „Wir leben im Zeitdasein; Wahrheit ist unser Weg." Auch der Anwendung von Wahrheit auf Wesen oder Existenz des Menschen, sei es allgemein oder in bezug auf den es Aussagenden selbst — „Der Mensch besteht in der Wahrheit" (Novalis), „Meine Wahrheit, meinen Charakter" (Sartre) — fehlt oder scheint der Faktizitätsbezug zu fehlen.

Der primäre und allgemeine Eindruck, den wir aus diesen Äußerungen gewinnen, ist wiederum Wahrheit als hoher, ja höchster Wert, und zwar auch und gerade dort, wo wie bei Nietzsche dieser Wert in Frage gestellt und ihm ein anderer, gar entgegengesetzter vorgezogen wird: die Lüge, die Täuschung, der Schein. Nietzsche gerade bezeichnet Wahrheit als „oberstes Wertmaß", obwohl oder eben weil er sie nicht als solches anerkennen will. Wobei für den augenblicklichen Zusammenhang das Motiv der Nutzbarkeit für das Leben gleichgültig ist, aus dem Nietzsches „Umwertung der Werte" und eben auch des Wahrheitswertes hervorgeht. Die Frage, die wir an die Wahrheitsbegriffe dieser Äußerungen stellen, bezieht sich auf das, was sie als „Wertmaß" konstituieren könnte. In der Tat können wir diese Frage nur konjunktivisch stellen, denn eine völlig bestimmte Antwort ist aus der Mehrzahl dieser Beispiele nicht zu erschließen. Dennoch ist zu überlegen, was in dem sinnmäßig unterschiedenen Gebrauch des Wortes Wahrheit enthalten ist, daß eben dieses Wort und kein anderes sich einstellt.

Beginnen wir — da es auf die aufgeführte chronologische Ordnung unserer Beispiele nicht ankommt — mit den Goetheschen „Maximen". Sie stellen uns vor ganz besondere Schwierigkeiten. Auch hieße es die Goetheworte vergewaltigen, wenn wir versuchten, die in ihnen auftretenden Wahrheitsnennungen in einen Zusammenhang zu bringen. Doch soll, wie gesagt, der Versuch gemacht werden, sie auf den sie als Wahrheitsbegriff konstituierenden Sinn zu befragen. Wir können das, auch in bezug auf die Äußerungen der anderen angeführten Autoren, zunächst nur und wie immer auch „banaler" Weise, tun, wenn wir an die unbestimmten, ja vagen Wahrheitsbegriffe die bestimmte Frage nach einem

Realitätsbezug stellen. Denn es gibt keinen anderen fundierten Gesichtspunkt, von dem aus die Frage gestellt werden kann, wollen wir nicht uns selbst sogleich auf die mehr oder weniger spekulative, weltanschaulich-lebensweisheitliche Ebene unserer Beispiele begeben, von der aus wir eben deshalb nicht fragen können.

Zweifellos ist ein solcher Realitätsbezug in den „Maximen" unmittelbar nicht zu entdecken. Und wenn man sich nicht damit begnügt, die hier angerufene Wahrheit als hohen, absoluten Wert und sozusagen nur als Namen für einen solchen hinzunehmen, also etwa als „ungeheure Fackel", als „gottähnlich", „geistig umherschwebend" oder „Glockenton", so drängt sich die Frage nach dem Grunde dieses Wertes auf, und zwar, wie gesagt, die Frage nach einem das Wahrheit Benannte konstituierenden Realitätsbezug.

Die Maxime „Die Wahrheit gehört dem Menschen, der Irrtum der Zeit an . . ." (334) sei zunächst betrachtet. Der eigentümliche Gegensatz, der hier aufgestellt ist, gibt deshalb zu denken, weil Wahrheit hier mit dem ihr natürlichen Gegenteil, dem Irrtum, konfrontiert ist. Doch irritiert dabei sogleich, daß Wahrheit dem Menschen, der Irrtum der Zeit zugeordnet ist und damit der Mensch und die Zeit in einen Gegensatz gebracht sind. Dies könnte so verstanden werden, daß der Mensch und die Zeit eine Erscheinungsform jener „Dauer im Wechsel" bedeuten, die eine tiefe Metamorphosenerfahrung Goethes war: Wahrheit mag in dieser Maxime Wesen und Ausdruck des „Unvergänglichen" sein, das dem Menschen bei allem Wechsel des Lebens in dem Gedicht „Dauer im Wechsel" von der „Gunst der Musen" verheißen wird und als „Gehalt in deinem Busen" und „die Form in deinem Geist" bezeichnet ist. Die bisher nicht angeführte Fortsetzung der Maxime lautet: „Deshalb sagt man von einem außerordentlichen Manne: Le malheur des temps a causé son erreur, mais la force de son âme l'en a fait sortir avec gloire." Sei es, daß der erste Teil der Maxime die abstrahierende Quintessenz aus dem französischen Zitat (dessen Quelle nicht belegt ist) oder dieses die Anwendung aus dem allgemeinen Diktum ist: es geht aus ihr hervor, daß „force de son âme" ebenso wie „der Gehalt in deinem Busen" und „die Form in deinem Geist" als das der Vergänglichkeit Widerstehende im Menschen fixiert ist. Daß im Gedicht Gehalt und Form Gaben, Verheißungen der Musen sind, also die Dauerwerte dem Künstler zur Bewahrung und Pflege sozusagen anvertraut werden, in der Wahrheitsmaxime nur die Seelenkraft eines außerordentlichen Mannes dem „Unglück", das heißt hier der Irrtum erzeugenden Zeit oder den Zeitläuften, widersteht, ist unter dem Gesichtspunkt der dem Wechsel enthobenen Ewigkeitswerte des Menschseins nicht relevant, für die sozusagen allgemein und zusammenfassend Wahrheit eingesetzt ist. Aus dieser Setzung als solcher geht nicht hervor, was Wahrheit meint. Sie wird erst durch die Nennung ihres Gegenteils, des Irrtums, aus der Höhe eines absoluten Begriffs hinuntergeführt. Irrtum kann niemals absolut gesetzt werden. Daß er, wie es Goethe in dieser Maxime sagt, der Zeit angehört, ist nur eine sekundäre Bestimmung oder Eigenschaft. Ihr voraus geht die Negation der eigentlichen, empirischen Wahrheitsbestimmung: *nicht* identisch zu sein mit dem, was der Fall ist. Wenn also Wahrheit mit Irrtum konfrontiert wird — wie auch in der Maxime 865 — ist die Bedeutung, die Struktur des Realitätsbezugs, in ihr enthalten oder mitgedacht. In einer anderen Maxime (888) mag gerade dieser Zusammenhang von Wahrheit und Irrtum, d. i. der Position und Negation desselben Verhältnisses, von Goethe gemeint sein: „Es ist so gewiß als wunderbar, daß Wahrheit und Irrtum aus *einer* Quelle entstehen; deswegen man oft dem Irrtum nicht schaden darf, weil man zugleich der Wahrheit schadet." Wahrheit ist in dieser nahen Verbindung mit dem Irrtum weniger absolut, empirischer verstanden als in der Maxime 334, mehr als Ziel der Erkenntnis, der eben auch der Irrtum dient, derart daß der Faktizitätsbezug hier direkter erscheint. Überlegen wir an Hand der Maxime 334, weshalb dennoch Wahrheit die Absolutheit verträgt, die Irrtum versagt ist, und als menschlich-menschheitlicher Ewigkeitswert gesetzt werden kann, so dürfte der Grund dafür die ethische Forderung sein, „die Wahrheit zu sagen" d. h. dem Anspruch dessen, was der Fall ist, der „Wahrheit des Realen", Genüge zu tun. Gibt es ja das Wort Goethes zu Eckermann, daß es wenige Menschen gibt, „die eine Phantasie für die Wahrheit des Realen besitzen" (25. XII. 1825). Dies mag auch hinter der Äußerung über das „originale Wahrheitsgefühl" stehen, das sich im „Erfinden, Entdecken im höheren Sinne" betätigt (Max. 1164). Denn Erfinden, Entdecken geht aus auf etwas, das ist bzw. sein soll, als noch Verborgenes entdeckt, im Falle des Erfindens als ein Neues geschaffen werden soll. Und wenn Goethe Wahrheit nennt, „mein Verhältnis zu mir selbst und zur Außenwelt" zu kennen, so ist diese Wahrheit identisch mit einer Faktizität, der des eigenen Selbst, die denn auch jedes Menschen „eigene Wahrheit" genannt wird. Ja, diese eigene Wahrheit scheint Goethe gleichsam als Paradigma für Wahrheit überhaupt zu begreifen — „und es ist doch immer dasselbige" —, gewissermaßen als die Wahrheit, die jeder am unmittelbarsten beurteilen, verifizieren kann (wobei die Tatsache, daß man sich über sich selbst auch täuschen, sich selbst betrügen kann, nur das Verhältnis von Wahrheit und Irrtum spiegelt, das, wie es Goethe ausgesprochen, auf derselben Struktur beruht.)

Goethe hat die „eigene Wahrheit" sehr genau als Kennen seines Verhältnisses zu sich selbst und zur Außenwelt beschrieben. Aber auch wenn, wie in der Äußerung Sartres, „meine Wahrheit" nicht näher definiert ist, oder wenn allgemein von der „Wahrheit jedes Menschen" die Rede ist, kann der Sinn solcher Wahrheit nur sein, die oder eine innere Konstitution zu bezeichnen, sofern sie als solche, genauer: als die dem betreffenden Menschen spezifisch eigene erkannt ist oder zu sein geglaubt wird. Das ist jedenfalls ein konstituierendes Moment der gern und oftmals vage aufgerufenen „inneren Wahrheit". Ausdrücklich und zur absoluten Subjektivität gesteigert, ja übersteigert, bezieht in dem zitierten Ausspruch Kierkegaard eine solche denn auch auf „das sokratische Geheimnis", zweifellos das der Selbsterkenntnis (die für Sokrates die Grundlage der Tugend ist), jedenfalls hier als durch das Christentum vollendete „Verinnerlichung" verstanden, die Wahrheit benannt wird.

Bestimmter, weil auf Wahrheit als ethische Forderung ausgerichtet, ist des Novalis Wort, daß der Mensch in der Wahrheit besteht. Wenn Wahrheit hier zwar nicht der Lüge, sondern unbestimmter dem „Handeln gegen Überzeugung" entgegengesetzt wird, so bewahrt sie doch den sie konstituierenden Sinn des Faktizitätsbezugs, da Überzeugung immer nur Überzeugung von etwas, was der Fall ist (bzw. als solches angenommen, für richtig gehalten), sein kann. Die Ungenauigkeit aber, die der Gebrauch des Wahrheitsbegriffs vor allem auf philosophischer Ebene aufweist, macht sich auch in diesem Aphorismus geltend. Denn in dem Diktum „der Mensch besteht in der Wahrheit", als vorweggenommene Quintessenz der folgenden sinngemäßen Begründung des Wahrheitssinnes, wird sie eben dieses Sinnes entkleidet. Da Wahrheit, auch als „innere Wahrheit", keine Eigenschaft des Menschen sein kann, entschwebt in dieser Anwendung der Begriff in eine ungenaue ethische Idee. Selbst Goethes Begriff und Beschreibung von Selbsterkenntnis bedürfte der Bezeichnung Wahrheit nicht.

Die Werthaftigkeit, die Wahrheit als Ausdruck dessen, was der Fall ist, und als Forderung, dem Genüge zu tun, zukommt, bestreitet ihr Nietzsche und setzt ihr den Schein, die Illusion, die Täuschung, die Lüge als höheren, ja den „göttlichen" Wert entgegen. Daß dies auf das Kunstproblem hinweist, sei im jetzigen Zusammenhang nicht erörtert, in dem es zunächst auf den Sinn von Wahrheit ankommt, der als Grund für Nietzsches Ablehnung erkannt werden könnte. Es verrät wiederum Ungenauigkeit der Wahrheitskonzeption, wenn ihr in einem Atemzug Schein und Illusion, Lüge und Täuschung entgegengesetzt werden. Schein und Illusion auf der einen Seite, Lüge und Täuschung auf der anderen meinen als wahrheitsnegierende Begriffe nicht dasselbe. Es ist ein — in diesem Falle deutschsprachiges — Indiz, daß den Substantiven Lüge und Täuschung (wobei Täuschung sowohl ein gewollter, der Lüge nahekommender, als auch ein ungewollter, mit Irrtum identischer Vorgang sein kann) die Verben lügen und täuschen zugrundeliegen, während die beiden anderen der Wahrheit entgegengesetzten Begriffe Schein und Illusion keine verbale Entsprechung haben. Lügen und täuschen ist gleichbedeutend mit „nicht die Wahrheit sagen", und Wahrheit also eindeutig im Sinne des der-Fall-seins. Ruft aber die Rede von Schein und Illusion sogleich Wahrheit als Gegenbegriff ins Bewußtsein? Ist der Schein, wie Nietzsche in dem Satze „daß es der Schein ist, der angebetet werden muß, die Lüge und *nicht* die Wahrheit" es tut, mit Lüge gleichzusetzen? Wir sehen, wie gesagt, jetzt noch davon ab, daß hier ästhetische Probleme im Blickfeld stehen. Die Begriffe selbst sind zunächst genau ins Auge zu fassen. Es ergibt sich, daß der unmittelbare Gegensatz von Schein nicht Wahrheit, sondern Wirklichkeit ist. Gewiß steht Wirklichkeit, Realität mit Wahrheit in der Kategorie des der-Fall-seins in Zusammenhang. Aber, wie oben schon an der Augustinischen Formel erörtert, ist nicht alles was wirklich ist, wahr d.h. der Fall, ist der Tisch, an dem ich sitze, real aber nicht wahr. Eben deshalb ist der gemalte Tisch, an dem ich nicht sitzen kann, ein Scheintisch; und wie vom realen Tisch nicht gesagt werden kann, daß er wahr ist, so von dem gemalten nicht, daß er nicht wahr ist. Schein ist der Gegensatz von Wirklichkeit, nicht von Wahrheit. — Ähnlich verhält es sich mit dem Begriff Illusion, den Nietzsche gleichbedeutend mit Schein der Wahrheit entgegenhält. Doch ist Illusion nicht durchaus sinngleich mit Schein. Sie kann insofern mit Wahrheit konfrontiert werden, als das, was eine Illusion über etwas ist, eben auch nicht der Fall ist. Der Begriff ist dem der Täuschung verwandter als dem des Scheins, auch wenn etwa im Sprachgebrauch der Theater-, der Bühnenkunst, Illusion und Schein gleichbedeutend sind bzw. Illusion statt Schein, wie in dem Ausdruck Illusionsbühne, gebraucht wird.

Die Auswahl der Zitate, die von Wahrheit in einem lebensweisheitlichen Sinne sprechen, mag für den „Befund" genügen, den wir aus der Analyse dieser zunächst nicht deutlichen Wahrheitsbegriffe gewonnen haben. Sie ergab, daß auch hier als der letzte Grund der Bezug auf eine Faktizität, und sei es die „eigene" Wesenskonstitution, dem jeweils aufgerufenen Wahrheitsbegriff den Sinn gibt. Da aber diese Wahrheitsbegriffe nicht theoretisch reflektiert sind, nehmen sie mehr oder weniger unmittelbar Charakter und Bedeutung eines allgemeinen Wertbegriffes an, der dann seinerseits die Tendenz hat, zu einer absoluten und eben damit ganz und gar unbestimmten Instanz hypostasiert zu werden: *dem* Wahren, dessen wir innewerden (Jaspers), das, wie es Goethe sagt, gottähnlich ist, die Wahrheit auch, hinter die zu kommen den Wert des Menschen ausmacht (Lessing).

Aus unserer Auswahl ausgespart war das Problem oder die Rede von der „höheren" vornehmlich religiösen Wahrheit, die in den Beispielen nicht berührt war. Es ist offenbar, daß im Bereiche der Religion — das heißt hier der jüdisch-christlichen, auf die wir uns beschränken — das Wort Wahrheit in gewisser Weise unproblematisch ist. Ja, es erscheint fast blasphemisch, wenn man auch nur versuchte, dem Sinn von Wahrheit als Eigenschaft Gottes und des Wortes Gottes nachzudenken, Wahrheit auch hier auf die Struktur des der-Fall-seins zurückzuführen. Wir, seien wir Gläubige oder nicht, geben uns nicht Rechenschaft über diesen Sinn, wenn wir in den Psalmen David lesen: „Denn deine Güte ist, soweit der Himmel ist, und deine Wahrheit, soweit die Wolken gehn" (Psalm 57, 11); Weise mir, Herr, den Weg, daß ich wandle in deiner Wahrheit" (Psalm 86, 11); oder im Johannesevangelium: „Heilige sie in deiner Wahrheit, dein Wort ist die Wahrheit" (17, 17); im Römerbrief: „Denn so die Wahrheit Gottes durch meine Lüge herrlicher wird, zu seinem Preis, warum sollte ich dann noch als ein Sünder gerichtet werden" (15, 8).

Es bedarf nur einiger wenigen Belegstellen, für die das reichste Material die Psalmen Davids liefern, als das rein lyrische Werk im Alten Testament, dessen Thema die Preisung Gottes ist. Wenn im Rahmen solcher und verwandter Kontexte Wahrheit als ein heiliges Attribut Gottes ebenso wie Gottes Güte und Gerechtigkeit genannt und angerufen wird, so ist sie sozusagen ihrer Begrifflichkeit und der Frage nach ihrem Sinn enthoben. Dennoch gibt es auch hier einen Sinnverhalt, der Anlaß zu einer Überlegung über die Sonderstellung des Wahrheitsbegriffes auch in diesem Bereich gibt und damit wie immer verborgen seine Grundstruktur erkennen läßt und bestätigt. Dieser Sinnverhalt ergibt sich gerade aus den übrigen Eigenschaften, die in den Psalmen Gott beigelegt werden, Güte, Gerechtigkeit, Allmächtigkeit, ja Vater und Richter:

Und die Himmel werden seine Gerechtigkeit verkünden; denn Gott ist Richter (50, 6).

Mein Mund soll verkündigen deine Gerechtigkeit (71, 15).

Herr, ... vernimm mein Flehen um deiner Wahrheit willen, erhöre mich um deiner Gerechtigkeit willen (143, 1).

Du, Herr, bist gut und gnädig, von großer Güte allen, die dich anrufen (86, 5).

Deine Güte währet ewiglich (136. Refrain)

Die Beispiele genügen, um den Unterschied der Attribute „deine (oder seine) Wahrheit, deine Gerechtigkeit, deine Güte, Deine Macht" zunächst nur fühlbar zu machen. Die drei letzten können — wie mancherorts in den Texten — prädikativ ausgedrückt werden: Gott ist gerecht, gütig, mächtig. Das Attribut Wahrheit in bezug auf Gott widersetzt sich der adjektivischen Prädikation „ist wahr". Gottes Wahrheit, zeigt dies an, ist eine andere Qualität als Gottes Gerechtigkeit und Güte. Diese sind von wirkender ausübender Kraft und gelten für Menschen so gut wie für Gott. Gottes Wahrheit dagegen nicht. Wie ist, wenn wir aus dem Bereich der gläubigen Hinnahme heraustreten, der Ausdruck zu fassen? Es scheint deutlich, daß nicht wie die Eigenschaften Gerechtigkeit und Güte die der Wahrheit von der Person Gottes abgelöst werden kann. Sondern sie ist identisch mit dieser, womit jedoch nicht gesagt ist, daß auch Gott mit Wahrheit identisch ist, eben weil auch andere Qualitäten ihm zugehörig sind. Wahrheit ist in diesen Anrufungen identisch dasselbe wie Gott. Heißt es „ich wandle in deiner Wahrheit" so heißt dies nichts anderes als „ich wandle in dir, Gott". Doch ist diese Identität damit noch nicht ganz erschöpfend erklärt. Ein Moment kommt hinzu, durch das diese Identität erst hergestellt ist, und erst dadurch erklärt sich die Zuschreibung von Wahrheit zur Person Gottes. Denn es ist dasselbe Moment, das auch in seiner banalen Anwendung die Begriffe Wahrheit und Wahrsein konstituiert, das der reflektorischen, erkennenden Bestätigung von etwas, das „ist", in dem Sinne, *daß* es ist. Die Wahrheit Gottes meint Gottes als seiend erkanntes oder — was im religiösen Bereich dasselbe ist — geglaubtes Sein. Wird diese Verbindung und Identität der Wahrheit mit dem Sein Gottes ausgesprochen, die in der Rede von der Wahrheit Gottes enthalten ist, so klingt darin gewiß die scholastische Lehre an, daß Gott die höchste Wahrheit ist, weil er alles Sein umfaßt. Aber dieser abstrakte, schon philosophische Begriff des Seins ist in dem biblischen Wort von der Wahrheit Gottes nicht enthalten. Der Akzent liegt hier darauf, daß *Gott* ist, nicht auf dem philosophisch-theologischen Moment, daß Gott *ist*, was das Problem der Gottesbeweise ist. Im biblischen Wort wird Gottes Wahrheit nicht aus dem Begriffe des Seins hergeleitet, das Attribut der

Wahrheit meint oder enthält nichts als daß Gott ist, sein Sein die Wahrheit ist. Wobei aber dieses „ist" im Falle Gottes nicht in ein der-Fall-sein aufgelöst werden kann, wie es im realen Bereich für die Identität von Wahrsein und der-Fall-sein gilt und der Verifikation unterzogen werden kann. Die Wahrheit Gottes bedeutet, daß Gott ist und ist als solche jeder Verifikation enthoben, deshalb weil Gott oder Gottes Sein ein Gegenstand des Glaubens, nicht des Wissens und der Erkenntnis ist.

Die Prüfung der Wahrheitsbenennungen nicht nur an Texten der Alltagssprache sondern auch an solchen höherer, lebensweisheitlicher und religiöser Ebene hat ergeben, daß das „verum id quod est" (in dem dargelegten erweiterten Sinne) der letzte Grund dafür ist, daß das Wort Wahrheit sich einstellt. Es ergibt sich daraus, oder besser: dies ist ein anderer Ausdruck dafür, daß Wahrheit eine Kategorie der Realität ist.

Realität ist dabei im weitesten, dennoch genauen Sinne zu verstehen, in dem wir ihn in der natürlichen Bewußtseinstellung anwenden: primär als die natürliche raumzeitliche wie auch die geschichtlich-gesellschaftliche Wirklichkeit des Lebens, die jeweils zeitgenössische als auch die vergangene, im engeren Sinne „historisch" gewordene. Die geschichtliche Wirklichkeit ist nicht auf eine im engeren Sinne empirische oder auch nur theoretisch erkennbare Realität begrenzt. Sie umfaßt auch den Bereich des Religiösen, eine „höhere" transzendente Wirklichkeit, die deshalb unter den Begriff der Wirklichkeit fällt, weil sie zwar nicht als existierend wahrgenommen oder erkannt, aber geglaubt wird, und als geglaubte in den jeweiligen Glaubensepochen geschichtlich wirksam war und ist. Und es ist dabei hervorzuheben, daß allein die Funktion des Glaubens, nicht aber die des Denkens transzendente Realität konstituieren kann, die also immer nur religiöse Realität ist, sei es von Göttern oder von Gott, und ihre Beglaubigung im Kult erhält. Das bloß metaphysische und als solches philosophische Denken vermag transzendente Realität nicht zu konstituieren und damit auch keinen auf sie bezüglichen Wahrheitsbegriff. Als existierend kann eine geglaubte, nicht aber eine bloß gedachte transzendente Welt konstituiert werden, weil nur der Glaube anstelle des Wissens und der Erfahrung treten kann, ja selbst eine Form des Wissens und der Erfahrung ist oder sich als solche versteht.[37] Dagegen sind die vom philosophi-

---

[37] In der „Encyclopädie" erörtert Hegel das Phänomen des seinsgewissen Glaubens, der auch als „unmittelbares Wissen" bezeichnet wird. „Das,

schen Denken entworfenen, empirische Erfahrung transzendierenden „metaphysischen" Bildungen, Platonische Ideen, Leibniz'sche Monaden (als einfache Substanzen), Setzungen einer absoluten Vernunft, eines (Hegelschen) absoluten Geistes, einer Schellingschen Weltseele oder Schopenhauerschen Weltwillens, spekulative Hypostasierungen geistiger Existenzerfahrungen des Menschen oder von Sinngebungen des außermenschlichen Kosmos, kurz von Geist und Natur.

Es kommt bei diesen Andeutungen und nur schlagwortartigen Hinweisen auf einige der großen spekulativen Systeme der abendländischen Philosophie hier allein darauf an, den Unterschied solcher Denkgebilde zu dem, was die Glaubensrealität genannt werden kann, zu markieren. Wenn z. B. Hegel in einem Platon verwandten Sinne die „Idee" als „das Wahre als solches" bezeichnet — wobei die Idee als „die Einheit des Begriffs und der Realität" definiert ist und die „Erscheinung" als das bloß „Subjektive, Zufällige, Willkürliche, das nicht die Wahrheit ist"[38], — so ist dies eine andere Wahrheitszuordnung als in der direkten d. h. nicht philosophisch „vermittelten" religiösen Anrufung der Wahrheit Gottes. Dieser liegt, wie oben schon angedeutet, das geglaubte Sein Gottes zugrunde, und Wahrheit hat den Sinn eines jeden als seiend gewußten Seienden. Hingegen ist in der Zuordnung von Wahrheit zur Idee der Wahrheitsbegriff vermittelt durch die Definition der Idee als Einheit des Begriffs und der Realität, und das heißt durch alle drei in dieser Definition auftretenden Begriffe. Und wenn dann in etwas anderer Wendung der Begriff des Seins selbst in Verbindung mit Idee und Wahrheit gebracht wird — „Die absolute Idee allein ist Sein, unvergängliches Leben, sich wissende Wahrheit, und ist alle Wahrheit"[39] — so ist, wie es schon in Zusammenhang mit den ontologischen Wahrheitsbestimmungen und Evidenz-Theorien erörtert wurde, zwar in abstracto der Seinsbezug von Wahrheit als Sein der Idee hergestellt, aber verbleibt im spekula-

---

was dieses unmittelbare Wissen weiß, ist, daß das Unendliche, Ewige, Gott, das in unserer *Vorstellung* ist, auch *ist*, — daß im Bewußtsein mit dieser *Vorstellung* unmittelbar und unzertrennlich die Gewißheit ihres *Seins* verbunden ist." Und weiter in diesem Zusammenhang: „In formeller Rücksicht ist insbesondere der Satz interessant, daß nämlich mit dem Gedanken Gottes sein Sein ... unmittelbar und unzertrennlich verknüpft ist" (§ 64, a. a. O., S. 91/92).

[38] Hegel, Wissenschaft der Logik II, Werke in zwanzig Bänden, Frankfurt a. M. 1971, Bd. VI, 464, 466.
[39] Ebd., S. 549.

tiven Bereich metaphysischer Setzung, d.h. einer Zueinanderordnung von Begriffen. In diesem Bereich aber kann eben deshalb eine Wahrheitserfahrung nicht vermittelt werden.

Der Blick auf die metaphysische oder spekulativ-idealistische Wahrheitsbestimmung Hegels (ohne daß diese erschöpfend dargestellt wäre) war an dieser Stelle nur als Kontrast zur religiösen Wahrheitsbedeutung geworfen worden, die in besonderer Weise den Realitätsbezug des Wahrheitsbegriffs, als den Bezug auf die „höhere Wirklichkeit", das Sein Gottes, in sich enthält. Zu vermerken ist jedoch, daß, wie schon gesagt, ein Seinsbezug, wenn auch ein begrifflich vermittelter, der Bezug auf das Sein der Idee, auch noch den Wahrheitsbegriff Hegels bestimmt.

Es war die Aufgabe der bisherigen Darlegungen gewesen, an den Wahrheitstheorien wie aber auch an Beispielen der Wahrheitsbegriffe oder Wahrheitsbenennungen des natürlichen und des gehobenen, lebensweisheitlichen Sprachgebrauchs den Faktizitätsbezug aufzuweisen, der den Begriff der Wahrheit mehr oder weniger direkt konstituiert. Die Identität von Wahrheit mit einem der-Fall-sein erweist Wahrheit als eine Kategorie der Realität. Realität ist dabei im weitesten Sinn verstanden, der auch die „höhere", die Glaubensrealität umfaßt und schließlich in der Abstraktion des philosophischen Seinsbegriffs, der Zuordnung von Wahrheit zum Sein noch enthalten ist.

Ästhetische Wahrheit

Einleitende Überlegung

Die Erörterungen des 1. Kapitels unserer Untersuchung, die zu dem Resultat, daß Wahrheit eine Kategorie der Realität ist, geführt haben, waren unter Ausschluß des Gebietes der Ästhetik und damit der Kunst angestellt worden. Dies kann als unzulässige Vorentscheidung kritisiert werden, und es muß daher die Aufgabe der weiteren Darlegungen sein, diese Vorentscheidung zu begründen.

In ihr ist jedoch nun eben auch das Problem enthalten, das, soweit ich sehe, weder in der Kunstphilosophie noch in der Kunstkritik reflektiert worden ist. Während es für die anderen Gebiete des geistigen Lebens bzw. der Disziplinen der Wissenschaft keine eigene Kategorie oder gar Definition von Wahrheit gibt, etwa eine geschichtliche oder eine religiöse Wahrheit trotz gelegentlichen Auftretens dieser Begriffe doch nicht „zu einem Begriff geworden" ist, ist die Rede von ästhetischer Wahrheit — je nach dem ins Auge gefaßten Kunstgebiet auch differenziert zu künstlerischer oder dichterischer Wahrheit — gängig und nicht zuletzt zentral thematisch in der Philosophie der Kunst. Die Problematik und Komplexität, die diese Sonderstellung des ästhetischen Wahrheitsbegriffs in sich schließt, wird in den folgenden Darlegungen zutage treten und erst auf Grund der dabei gewonnenen Erkenntnisse auf ihre Ursachen zurückgeführt werden können.

Wie in den Erörterungen des ersten Teils halten wir uns an die Texte, die auf dem Gebiete der Kunst und Kunstphilosophie reichlich zur Verfügung stehen. Die Äußerungen der Künstler und Dichter selbst, von denen wir, unser Thema präludierend, eine kleine Auswahl an den Anfang gesetzt hatten, sind naturgemäß unserer Erörterung wenig dienlich und werden erst am Schluß in Hinsicht auf ihren Stellenwert im Prozeß künstlerischen Schaffens bzw. im Bewußtsein dieses Prozesses gewürdigt. Nur wo die Künstler — und dabei handelt es sich nicht zufällig nahezu ausschließlich um die literarischen — sich als Theoretiker zur Wahrheit der Kunst äußern, wie etwa Schiller, Goethe, E. A. Poe, Benn und andere, werden ihre Äußerungen in die Diskussion aufgenommen, deren Hauptgegenstand naturgemäß die Wahrheitsproblematik in der Ästhetik ist, wie wir sie bei Hegel, Heidegger, Adorno finden.

Wahrheit statt Schönheit

Sofern die Kunst ein Gegenstand der Ästhetik ist, heißt die ideelle Kategorie, der sie nach der traditionellen Einteilung des philosophischen Begriffssystems zugeordnet ist, Schönheit bzw. das Schöne und nicht Wahrheit. Dabei ist aber festzustellen, daß die Qualität des Schönen auf die Kunst seit je nicht mit gleicher Mühelosigkeit angewendet worden ist wie auf den Bereich der Natur, auf die Erscheinungen, die Formen und Farben der natürlichen Welt, in erster Linie den menschlichen Körper. Die Schönheit erschaut bei Platon der Liebhaber des schönen Knaben in der Anamnesis.[40] Und es ist bezeichnend, daß in der mittelalterlichen Kunst- und Schönheitstheorie die Schönheit des Kunstwerks, das opus artificiale, von derselben Bedingung der wohlgefälligen Anschaubarkeit abhängig ist wie ein Naturgegenstand, ein opus naturale.[41] Ohne für unsere Thematik auf die Schönheitstheorien der Ästhetik eingehen zu müssen, dürfen wir zusammenfassend sagen, daß die primäre Schicht des Schönheitsphänomens das Naturschöne ist, das Hegel denn auch „die erste Existenz des Schönen" genannt hat (XIII, 190)[42], und es seit alters ein Bemühen der Ästhetik war, das Naturschöne und das Kunstschöne sowohl zu unterscheiden als auch zu verbinden. In dem Maße, in dem die Kunst zum zentralen Gegenstand der Ästhetik wurde, erwies sich die Kategorie der Schönheit als sozusagen nicht ausreichend, das Wesen der Kunst zu bestimmen. Eben deshalb, so können wir interpretieren, weil Schönheit sich von ihrer natürlichen Grundlage des Naturschönen nicht ganz befreien kann, das Kunstschöne, und das heißt nichts anderes als die Kunst, aber gerade als das Ganz-Andere der Natur erfahren wird. Hegel nennt dies, das Kunstschöne, das „Ideal", „das in der Natur nicht zu finden ist und gegen welches gehalten die Naturschönheit als untergeordnet erscheint" (ebd.).[43]

---

[40] „Wenn aber der Geweihte, einer von jenen, die da oben viel geschaut haben, ein gottgleiches Antlitz, das jene große Schönheit spiegelt, oder die schöne Gestalt eines Körpers erblickt, bebt er auf, und eine heilige Angst fällt über ihn wie damals; dann erst sieht er hin und verehrt den Jüngling wie einen Gott" (Phädros, Übers. von R. Kassner, Jena 1920, S. 44).

[41] R. Assunto, Die Theorie des Schönen im Mittelalter. Köln 1961, S. 33f.

[42] Hegel, Vorlesungen über die Ästhetik. Werke in zwanzig Bänden (XIII, XIV, XV), Frankf. a.M. 1971. Die Band- und Seitenangaben im Text beziehen sich auf diese Ausgabe.

Die Tendenz, den Begriff des Schönen in bezug auf die Kunst durch einen metaphysisch gleichrangigen zu ersetzen oder doch mit jenem zu verbinden, nämlich durch den der Wahrheit, macht sich in dieser Epoche geltend. Schiller, der sich in den Kalliasbriefen an Körner von 1793 noch heiß um eine „Analytik des Schönen" und zwar einen „objektiven" Schönheitsbegriff (gegen Kants bloß subjektive Begründung) bemüht hatte, äußert sich in einem Brief an Goethe vom 7.7.1797 fast unmutig darüber, daß in bezug auf die griechischen Kunstwerke „noch immer ... der Winckelmannsche und Lessingsche Begriff herrscht", und unsere allerneuesten Ästhetiker, sowohl über Poesie als Plastik, lassen sich's recht sauer werden, das Schöne der Griechen von allem Charakteristischen zu befreien und dieses zum Merkzeichen des Modernen zu machen". In der zu engen Definition des Schönheitsbegriffs, der nicht auch das „Charakteristische", das Häßliche aufnehmen könne, sieht schon Schiller die Schwierigkeit des Begriffs des Kunstschönen und findet den Fehler darin, daß „viele ... den Begriff der Schönheit viel zu sehr auf den Inhalt der Kunstwerke als auf die Behandlung beziehen, und so müssen sie freilich verlegen sein, wenn sie den Vatikanischen Apoll und andere ähnliche, durch ihren Inhalt schöne Gestalten, mit dem Laokoon, mit einem Faun, oder anderen peinlichen oder ignobeln Repräsentanten unter einer Idee von Schönheit begreifen wollen". Und um dieses Peinliche und Ignoble, das auch in den Kunstwerken gestaltet ist, besonders aber „die derbe, oft niedrige und häßliche Natur im Homer" ästhetisch erfassen und benennen zu können, schlägt Schiller vor, „das Wort Schönheit, an welches einmal alle jene falsche Begriffe unzertrennlich geknüpft sind, aus dem Umlauf zu bringen und, wie billig, die Wahrheit in ihrem vollständigen Sinn an seine Stelle zu setzen".

Es sei hier bemerkt, daß Schiller damit den ästhetisch trotz seiner historisch bedingten Relativität eindeutigen Schönheitsbegriff durch den ästhetisch nicht mehr eindeutigen und strukturell ganz anders gearteten

---

[43] Kant dagegen macht Schönheit zu einem so bestimmten Prinzip des Geschmacksurteils, als das, was ohne Begriff gefällt, daß sie für die Natur- wie die Kunstschönheit gleichermaßen gilt, ja in Hinsicht auf Schönheit der Unterschied zwischen Natur und Kunst aufgehoben wird: „Die Natur war schön, wenn sie zugleich als Kunst aussah; und die Kunst kann nur schön genannt werden, wenn wir uns bewußt sind, sie sei Kunst, und sie uns doch als Natur aussieht" (Kritik der Urteilskraft § 45, a.a.O., Bd. V, S. 381).

Begriff Wahrheit ersetzt hat. Denn wenn hier, bezogen auf die „Realität" der „niedrigen und häßlichen Natur im Homer" Wahrheit zunächst in dem eindeutig realistischen Sinn von Lebenswahrheit gemeint zu sein scheint, so weist der Zusatz „Wahrheit in ihrem vollständigen Sinn" darüber mehr oder weniger unbestimmt hinaus. Ohne daß diese Briefbemerkung Schillers irgendwie Schule in der Geschichte der Ästhetik gemacht hätte, ja auch nur beachtet worden wäre, ist sie doch markant genug, um in der Erörterung der ästhetischen Wahrheitstheorien, auf die sie in mancher Hinsicht vorausweist, ihren Platz zu erhalten.

Wenn Schiller auf Schönheit zugunsten von Wahrheit überhaupt verzichten wollte, so ist es in der Folge und nun in erster Linie bei Hegel das Bemühen, die beiden Begriffe in Zusammenhang zu bringen. Daß dies sich nicht mehr wie in Schillers Äußerung auf der Ebene der empirischen Kunstbetrachtung zuträgt, sondern im Bereiche der Idee und des absoluten Geistes, bedarf des Hinweises nicht. Den Ideenkombinationen, um die es sich handelt, haben wir ein Stück nachzugehen, weil sie für die Aufnahme des Wahrheitsbegriffs in den Bereich der Ästhetik und der Kunst von nachwirkender Bedeutung gewesen sind. Sie können schon deshalb nicht beiseite gelassen werden, weil sie für die Abstraktion und damit die Unbestimmtheit des Wahrheitsbegriffs aufschlußreich und in gewisser Weise verantwortlich sind, die sich in seiner Anwendung im ästhetischen Bereich auswirkt.

In den „Vorlesungen über die Ästhetik" sind die Bestimmungen sowohl der Schönheit wie der Wahrheit nicht einheitlich durchgeführt, und es ist nicht leicht, eine einsinnige Begründung ihres Zusammenhangs in Hegels Darlegungen aufzuspüren. Als die Hauptdefinition des Schönen pflegt nahezu ausschließlich zitiert zu werden, daß es „das sinnliche Scheinen der Idee" sei (XIII, 151). Doch der Satz, der diese Bestimmung ausdrückt, steht nicht unvermittelt sondern in Bezug und Zusammenhang mit voraufgehenden und folgenden Sätzen und pflegt nicht in seinem genauen Wortlaut zitiert zu werden. Dieser ist: „Das Schöne bestimmt sich dadurch als das sinnliche Scheinen der Idee." Es ist also das Wort „dadurch", das einen Bezug zum Ausdruck bringt und herstellt. Der Bezugspunkt aber ist „das Wahre" oder „die Wahrheit". Wir verfolgen diese Bestimmungen regressiv von dem zitierten Satze aus. Das „dadurch" hat seine Begründung in den ihm voraufgehenden Sätzen: „Das Wahre, das als solches ist, existiert auch. Indem es nun in diesem seinem äußerlichen Dasein unmittelbar für das Bewußtsein ist und der Begriff unmittelbar in Einheit bleibt mit seiner äußeren Erscheinung, ist die Idee nicht nur wahr, sondern schön. Das Schöne bestimmt sich dadurch als das sinnliche Scheinen der Idee" (ebd.).

Die drei Begriffe, die hier das Schöne als das sinnliche Scheinen der Idee begründen, sind Idee, Begriff, das Wahre. Unmittelbar hängen Idee und das Wahre (oder, wie es alternierend auch heißt, die Wahrheit) zusammen. Im platonischen Sinne wird der Idee, und ihr allein, Wahrheit zugesprochen. „Wahr nämlich ist die Idee, wie sie als Idee ihrem Ansich und allgemeinen Prinzip nach ist und als solches gedacht wird" (ebd.). Die Verbindung zwischen dem Wahren und Schönen der Idee wird in den dieser Feststellung voraufgehenden Darlegungen dadurch hergestellt, daß auch das Wahre als Eigenschaft der Idee ebenso wie diese „sinnliche und äußere Existenz" gewinnt, „sich äußerlich realisieren" soll (ebd.). Daß aber die Idee nicht nur wahr sondern schön ist und das Schöne sich als das sinnliche Scheinen der Idee bestimmt, hängt noch von der Bestimmung der „Realität" ab, die die Idee und die Wahrheit erhalten kann. Mit der sinnlichen und äußeren Existenz ist es noch nicht getan. „Das Erscheinende nämlich ist nicht dadurch schon wahr, daß es inneres und äußeres Dasein hat und überhaupt Realität ist..." (ebd. 150). Sondern diese Realität wird erst durch das, was Hegel den Begriff nennt, gewährleistet oder konstituiert. Begriff ist dabei in dem Sinne: eine Sache auf ihren Begriff bringen, sich einen Begriff von etwas machen, zu verstehen. Derart daß, wie Hegel es ausdrückt, „das Ich oder ein äußerer Gegenstand, Handlung, Begebenheit, Zustand in seiner Wirklichkeit den Begriff selber realisiere" (151). In Hegels Denken hypostasiert sich der „subjektive" Vorgang des Begreifens der Erscheinungen zu dem diesen einwohnenden „objektiven" Begriff an sich, der als solcher erst ihr Wahrsein begründet. Erst wenn „diese Realität dem Begriff entspricht ... hat das Dasein Wirklichkeit und Wahrheit". Noch bestimmter: „So ist denn nur die dem Begriff gemäße Realität eine wahre Realität"; und wenn es weiter heißt: „und zwar wahr, weil sich in ihr die Idee selber zur Existenz bringt" (ebd.), so bekundet sich darin der platonisch-idealistische Glaube Hegels, daß Wahrheit nur der Idee als der eigentlichen Wirklichkeit zukommt. „Denn die Idee ist das allein wahrhaft Wirkliche" (ebd. 150).

Die Feststellung nun, daß das Schöne sich als das sinnliche Scheinen der Idee bestimmt, kommt, wie wir wohl zugestehen müssen, durch eine etwas gewaltsame Gleichsetzung von wahr und schön zustande. Indem der Idee und mit ihr dem Wahren auferlegt wird, „sich als sinnliche und äußere Existenz" zu „realisieren", wird für diesen Vorgang der Begriff „schön" mehr festgesetzt als zwingend abgeleitet. Denn sinnliche Erscheinung ist mit der Idee des Schönen, und primär des Naturschönen, verbunden. Das Kunstschöne aber kann durch sie nicht allein bestimmt werden. Der für die Kunst gültige Schönheitsbegriff muß auch an der Idee teilhaben und damit an der Wahrheit. Daß das Schöne sich als das sinnliche Scheinen der Idee bestimmt, beinhaltet, daß es sich zugleich als das sinnliche Scheinen der Wahrheit bestimmt. So heißt es denn auch an einer früheren Stelle der „Vorlesungen": „die Wahrheit wäre nicht, wenn sie nicht schiene und erschiene" (ebd. 21). Mit dieser Feststellung rettet hier Hegel den Begriff des Scheins für die Kunst, der nicht, wie man wohl meinen könnte, Täuschung und als solche „die Unwürdigkeit des Kunstelements bedeutet, sondern „dem Wesen selbst" — und das heißt der Wahrheit — „wesentlich" ist (ebd.). Die Sätze der „Einleitung", die die Gleichsetzung von Schönheit und Wahrheit deutlich machen, lauten: „... das Schöne hat sein Leben in dem Scheine" (ebd. 17). Und: „Doch der Schein selbst ist dem Wesen wesentlich, die Wahrheit wäre nicht, wenn sie nicht schiene und erschiene ..." (ebd. 21). Die Zusammenhänge verkürzend können wir sagen, daß es diese Sätze sind, die in dem analysierten Abschnitt ihre in der „Idee" verankerte Begründung erhalten und in der stets als zentral angeführten Definition des Schönen als des sinnlichen Scheinens der Idee gipfeln, das, wie aufzuzeigen versucht, identisch mit dem sinnlichen Scheinen der Wahrheit ist.

Es kommt für unser Thema nicht auf diese Ideenkombinationen an sich an. Gezeigt sollte nur werden, *daß* — mehr als *wie* — im idealistischen Denksystem Hegels, als dem eines z.T. platonischen objektiven Idealismus, sich Schönheit und Wahrheit als nahezu identische Kategorien verbinden — derart, daß Wahrheit an die Stelle von Schönheit tritt und, wie wir sehen werden, den Primat über diese erhält. Die für uns entscheidende Frage aber ist, was es mit dem Begriffe der Wahrheit auf sich hat, der mit dem der Schönheit zusammengedacht für die Kunst in Anspruch genommen wird.

Wir haben uns im Zusammenhang der „Vorlesungen über die Ästhetik" damit zu begnügen, daß Wahrheit in die Transzendenz, die Welt des absoluten Geistes hinaufversetzt ist und damit sogar religiösen Charakter erhält. Wiederum als Bestimmung des Kunstschönen, „wie es sich zu einer Welt verwirklichter Schönheit in den Künsten und deren Werken entfaltet" (ebd. 115), heißt es nicht nur, daß es „das wahre

Schöne ... die gestaltete Geistigkeit, das Ideal, und näher der absolute Geist, die Wahrheit selber" sei (ebd.), sondern diese Wahrheit wird nun als „göttliche Wahrheit" bezeichnet, ein Epithet, das an dieser Stelle, im letzten „Einteilung" betitelten Abschnitt der „Einleitung", zuerst und überraschend auftritt und auch weiterhin nicht mehr erscheint. Doch ist diese Stelle zu beachten, weil sie deutlich macht, daß Hegel Schönheit und Wahrheit nicht nur identisch setzt, sondern als die höchste, Schönheit erst konstituierende Instanz Wahrheit versteht. Dieser keineswegs einfache Zusammenhang geht aus dem Satze hervor, der sich an den oben zitierten anschließt: „Diese Region der künstlerisch für die Anschauung und Empfindung dargestellten göttlichen Wahrheit bildet den Mittelpunkt der ganzen Kunstwelt, als die selbständige, freie, göttliche Gestalt, welche das Äußerliche der Form und des Materials sich vollständig angeeignet hat und nur als Manifestation ihrer selbst an sich trägt" (ebd.). Wahrheit, und zwar göttliche Wahrheit wird, letzlich ungemäß ihrem Begriff und Sinn, als Gestalt bezeichnet, weil sie „künstlerisch dargestellt" ist und das heißt nunmehr als Schönheit die Kunstwelt begründet. Mit der Bezeichnung der Wahrheit als göttlich meint es Hegel ernst, d.h. nicht nur als Ausdruck für einen hohen Wert überhaupt, sondern im religiösen Sinne ernst. Denn im Folgenden wird „das Göttliche, als Inneres, Gewußtes" von der „Gottheit" selbst hergeleitet , „als das vielfältig besonderte *subjektive* Dasein der Gottheit" (ebd. 116), das hier nochmals „die Wahrheit" genannt wird, „wie sie im Sinn, Gemüt und Geist der einzelnen Subjekte wirksam und lebendig ist..." (ebd.). Die Erhebung der Kunst auf die Ebene, in das „analoge Gebiet der Religion, mit welcher die Kunst auf ihrer höchsten Stufe in unmittelbarem Zusammenhang steht" (ebd.), wird denn auch sogleich ausgesprochen.

Wir glauben, den zentralen Schönheits- und Wahrheitsdefinitionen der Hegelschen Ästhetik Folgendes entnehmen zu können. Wenn die genauere Herleitung der Definition des Schönen als das sinnliche Scheinen der Idee auf den Wahrheitsbegriff führte und die Identität der Begriffe Schönheit und Wahrheit erwies, so zeigt die obige, im Text frühere Stelle den Primat der Wahrheit über die Schönheit an, damit Wahrheit als die höchste, die eigentliche die „Kunstwelt" begründende Kategorie. Doch ist dies nur die Feststellung, das Resultat der Analyse von Hegels Ideenkombinationen. Ein anderes ist, was wir für das Wahrheitsproblem der Kunst daraus entnehmen können. Es ist gewiß nicht von ungefähr, daß Wahrheit, und eben auch die Wahrheit, die sich in der Kunst darstellen, sich in ihr manifestieren soll, aus nicht geringerer Instanz als aus der Gottheit selbst herfließend gedacht und gesetzt ist. Wahrheit verschwebt damit zu einer Idee von nicht einmal mehr ontischer Qualität. Denn die ihr zugesprochene Göttlichkeit wird als ein inneres, subjektives Wissen, als das „subjektive Dasein der Gottheit" bestimmt. Mag damit dennoch nur die Vorstellung eines leitenden höchsten Wertes ausgedrückt sein, so scheint doch gerade die religiöse Benennung, die „Vergöttlichung" des Wahrheitsbegriffs ihn seiner eigentlichen Struktur und Funktion zu entkleiden, des Sinnes dessen was Wahrheit ist zu entleeren. Für die Kunst wird er denn auch nur sozusagen brauchbar gemacht, indem er sich als Schönheit verkleidet und damit versinnlicht, derart daß, wie gezeigt, Schönheit genauer als das sinnliche Scheinen der Wahrheit bestimmt werden kann und, jedenfalls im Bereich der metaphysischen Kombinationen, so gemeint wenn auch nicht ausdrücklich formuliert ist. Doch scheint die ausdrückliche Betonung des Moments der „sinnlichen Gestaltung" als Erscheinungsform der Wahrheit in der Kunst in der folgenden Passage dafür zu zeugen: „Die Form der sinnlichen Anschauung gehört der Kunst an, so daß die Kunst es ist, welche die Wahrheit in Weise sinnlicher Gestaltung für das Bewußtsein hinstellt . . ." (140). Daß Wahrheit hier überall zwar als eine Kategorie der Kunst, als durch die Kunst sinnlich gestaltete Idee gesetzt ist, als solche aber undefiniert bleibt,[44] weist auf die Problematik des Begriffs der Kunstwahrheit hin und sei an dieser Stelle nur notiert.

---

[44] Im Zusammenhang der dargelegten Feststellungen Hegels, in denen Wahrheit als allgemeine Idee erscheint und von der Kunst gleichfalls als einem Allgemeinbegriff die Rede ist, überrascht ein Hinweis auf die griechische Kunst und die unvermittelte Fixierung „der Wahrheit" als Wahrheit der griechischen Götter. „Wo die Kunst . . . in ihrer höchsten Vollendung vorhanden ist, da enthält *sie* gerade in ihrer bildlichen Weise die dem Gehalt der Wahrheit entsprechendste und wesentlichste Art der Exposition. So war bei den Griechen z. B. die Kunst die höchste Form, in welcher das Volk die Götter sich vorstellte, und sich ein Bewußtsein von der Wahrheit gab (XIII, 141). — Diese Spezialisierung der Wahrheit zumindest als religiöse Wahrheit führt Hegel dazu, der Kunst „in unserem heutigen Leben" nicht mehr diese Funktion der Wahrheitsmanifestation zuzuschreiben. „Uns gilt die Kunst nicht mehr als die höchste Weise, in welcher die Wahrheit sich Existenz verschafft" (ebd.). Diese Stelle dokumentiert die Auffassung Hegels vom Ende der Kunst. „Man kann wohl hoffen, daß die Kunst immer mehr steigen und sich vollenden werde, aber ihre Form hat aufgehört, das höchste Bedürfnis des Geistes zu sein" (ebd. 142). Deshalb, meint Hegel, weil „das Kunstwerk die Wahrheit . . . als Objekt in sinnli-

Hegels Ästhetik ragt vor allen anderen großen Kunstphilosophien dadurch hervor, daß sie nicht nur eine Philosophie sondern auch eine systematische Geschichte der Kunst ist. Und zwar, in aufeinanderfolgender Darstellung, eine Typengeschichte (symbolische, klassische, romantische Kunst), in die eine Art Epochengeschichte eingeht, und eine Gattungsgeschichte der einzelnen Künste (Architektur, bildende Künste, Musik, Poesie), die wiederum in die Typen eingeordnet bzw. durch sie charakterisiert werden. Es ist in dem großartigen Aufbau des Werkes begründet, daß die philosophische Grundlegung zu Beginn erfolgt, entwickelt in der „Einleitung" und dem ersten „Die Idee des Kunstschönen oder das Ideal" betitelten Teil. Wir notieren dieses an sich selbstverständliche Faktum in Hinsicht auf die Begriffe der Schönheit und Wahrheit, deren Definitionen naturgemäß diesen Teilen zugehören. Werden sie als solche, in dieser ihrer ideell-theoretischen, ja metaphysischen Begriffsbestimmung wirksam für die Beschreibung der Kunsttypologie und der Kunstwerke, die nun in den folgenden Teilen in reicher Fülle vorgeführt werden?

Lassen wir zunächst die definitorisch konstituierte Identität von Schönheit und Wahrheit außer Betracht und beobachten vorerst die Anwendung des Schönheitsbegriffs in den Beschreibungen der Kunsttypen und der Kunstwerke. Es ist zu beachten, daß Hegel das Kunstschöne als das „Ideal" bezeichnet, d.h. es in diesen Begriff umsetzt und damit ein für die Charakterisierung der Kunstwerke brauchbareres Instrument gewinnt. Der Begriff des Ideals hat im Begriffssystem des deutschen Idealismus eine bestimmt definierte Funktion. Er meint die Konkretisierung der Idee in der Vorstellung eines einzelnen Wesens oder auch Gegenstandes. „Idee", heißt es bei Kant in der „Kritik der Urteilskraft" „bedeutet eigentlich einen Vernunftbegriff, und Ideal die Vorstellung eines einzelnen als einer Idee adäquaten Wesens"[45]. „Wir nennen ein Ideal die Darstellung einer Idee in einem Individuum" heißt es bestimmter bei Wilhelm v. Humboldt[46]. Diese Bestimmung liegt auch bei Hegels verschiedenen Definitionen des Ideals zugrunde. Auch er

cher Weise darstellt (ebd. 143). Die nächsthöhere Stufe ist die Religion, die das „was die Kunst als äußere Sinnlichkeit objektiv macht", verinnerlicht, „die Andacht des zu dem absoluten Gegenstande sich verhaltenden Innern hinzu bringt" (ebd. 143).

[45] Kritik der Urteilskraft, a.a.O., S. 302.

[46] „Über Goethes Hermann und Dorothea", in: W. v. Humboldt, Werke, Darmstadt 1961, Bd. II, S. 151.

sieht das Ideal als „bestimmte Gestalt", die „das Allgemeine in besonderer Weise äußere und demselben erst dadurch Dasein und Erscheinung gebe" (XIII, 258); und an anderer Stelle heißt es im Sinne Kants, hier bezogen auf die „menschliche Individualität", den „Charakter" als „den eigentlichen Mittelpunkt der idealen Kunstdarstellung": „Denn die Idee als Ideal d.i. für die sinnliche Vorstellung und Anschauung gestaltet..." als „in ihrer Bestimmtheit sich auf sich beziehende subjektive Einzelheit", die nun aber „sich nicht nur als Allgemeinheit, sondern ebensosehr als konkrete Besonderheit und als die einheitsvolle Vermittlung und Durchdringung dieser Seiten zu erweisen [hat]" (ebd. 306).

Wenn in diesen Bestimmungen des Ideals die Idee des Kunstschönen, für die es eingesetzt ist, als solche nicht mehr erscheint bzw. erst auf dem Umweg über die Grunddefinition des Schönen als sinnliches Scheinen der Idee wiedergewonnen werden könnte, so ist nun — worauf es ankommt — zu beobachten, daß im Gange seiner Anwendungen für die Beschreibung der Kunstwerke der Begriff des Ideals sich mehr und mehr auf die Verbindung von geistigem Gehalt, oder auch „Bedeutung", und stofflich-„sinnlicher" Gestaltung reduziert und damit schließlich den Sinn erhält, in dem ein Werk der Kunst eben aufgefaßt und interpretiert zu werden pflegt: daß nämlich, um eine von mehreren solcher Stellen anzuführen, „der Begriff der Kunst nicht in dem Auseinanderfallen, sondern in der Identifikation von Bedeutung und Gestalt liegt" (ebd. 541). Es bedarf der Idee des Schönen und selbst des Begriffs des Ideals nicht mehr, wenn wir, und so auch Hegel, uns auf die Betrachtung und Deutung der Kunstwerke einlassen. Hegel war ein Bewunderer der niederländischen Malerei. Bei seiner entzückten Beschreibung dieser „Bildchen" wird zwar der Begriff des Scheinens benutzt, aber ausdrücklich von dem des Schönen gelöst. Es kommt, meint er, „dem Künstler bei seiner Produktion auch gar nicht etwa darauf an, uns durch das Kunstwerk eine Vorstellung von dem Gegenstande, den er uns vorführt, zu geben... Was uns reizen soll ist nicht der Inhalt und seine Realität, sondern das in Rücksicht auf den Gegenstand ganz interesselose Scheinen. Vom Schönen wird gleichsam das Scheinen als solches für sich fixiert, und die Kunst ist die Meisterschaft in Darstellung aller Geheimnisse des sich in sich vertiefenden Scheinens der äußeren Erscheinungen" (XIV, 226 f.). Scheinen bedeutet hier also nicht das sinnliche Scheinen der Idee und definiert keinen Schönheitsbegriff, sondern nichts als den Schein, die Illusion der realen Dinge, die der Maler auf seiner Leinwand mittels der Farben erzeugt. „Denn statt existierender Wolle, Seide, statt des wirklichen Haares, Fleisches und Metalls sehen wir bloße Farben, statt der totalen Dimensionen, deren das Natürliche zu seiner Erscheinung bedarf, eine bloße Fläche, und dennoch haben wir denselben Anblick, den das Wirkliche gibt", heißt es an früherer Stelle (XIII, 215), und zwar gerade im Zusammenhang der Bestimmung des Ideals, das hier nichts anderes besagt als der „durch den Geist produzierte Schein" (ebd.).[47]

Es ist nun nicht von ungefähr, daß der Bezug des Idealbegriffs auf den des Schönen, die Definition des Kunstschönen als das Ideal für Hegel nur in einer Epoche der Kunst, in einem durch diese repräsentierten Typus wirklich manifest wird, in der griechischen Skulptur als des Prototyps der „klassischen Kunst". Aber gerade hier wird es sehr deutlich, daß es sich mit der Schönheit recht eigentlich nicht im Sinne sinnlich scheinender *Idee* verhält, sondern in dem der schönen Menschengestalt, die für das Abendland die griechischen Plastiken „idealisch" verkörpern (und nicht nur für das Zeitalter Winckelmanns). Hegel bemüht sich, die Schönheit dieser Gestalten noch mit Hilfe des Idealbegriffs als Identität von Bedeutung (oder Geist) und Körperlichkeit (XIV, 19) zu begründen, weil nur, wie es heißt, „die Äußerlichkeit des Menschen allein befähigt ist, das Geistige in sinnlicher Weise zu offenbaren" (XIV, 21). Aber im Grunde verhält es sich nicht so, daß „Schönheit die dem Geiste eigentümliche äußere Gestalt" ist (ebd. 83), weil die Geistigkeit des Menschen nicht der in der griechischen Kunst gestalteten Formschönheit bedarf, um sich zu manifestieren. Und wenn Hegel den Begriff des Kunstschönen oder des Ideals in den griechischen Kunstgestalten erfüllt sieht, so ist es ihre Formschönheit, das die menschliche „Körperlichkeit" erfüllende Ideal, das den Schönheitsbegriff als solchen begründet. Das Naturschöne ist die primäre Erscheinung des Schönen, das Kunstschöne ist dagegen nur eine Bezeichnung für die Kunst überhaupt, wie denn Hegel dafür eben den Begriff des Ideals einsetzt, der ohne den des Schönen auskommt und, wie schon gezeigt, nach Hegels

---

[47] Bemerkenswert sind die Einsichten Hegels auch in den Kunstcharakter der realistischen Kunst: „Die Darstellung muß hier natürlich erscheinen, doch nicht das Natürliche daran als solches, sondern jenes Machen, das Vertilgtwerden gerade der sinnlichen Materialität und der äußerlichen Bedingungen ist das Poetische und Ideale in formellem Sinn . . ., die Gegenstände ergötzen uns nicht, weil sie so natürlich, sondern weil sie so natürlich *gemacht* sind" (a.a.O., S. 216).

Definition Identität von Bedeutung und Gestalt meint. Erst der so definierte Idealbegriff kann denn auch zum Erkenntnisinstrument aller Kunstarten überhaupt, nicht nur der plastischen dienen. In unserem Zusammenhang genügt es, darauf hinzuweisen, daß am Maßstab dieses so definierten Ideals, dessen Verhältnis von Bedeutung und Gestalt später durch das von Subjektivität und Objektivität, Innerlichkeit und Äußerlichkeit ersetzt wird, die einzelnen Künste ihren Ort im System der Kunst erhalten. In ihm ist, wie hier nur erwähnt sei, die Poesie die Vollendung der romantischen Kunst und eben deshalb die Kunst, „an welcher zugleich die Kunst selbst sich aufzulösen beginnt..." (XV, 234), weil in ihr die Subjektivität, der Geist, die Innerlichkeit, das Übergewicht über die Objektivität, die Stofflichkeit der Materie hat. Damit steht sie an dem zur materiebeschwerten Architektur entgegengesetzten Pol.

In der Ausbreitung dieses hier nur kurz angedeuteten (auch hinlänglich bekannten) Systems erscheint, worauf es für uns ankommt, der Begriff der Schönheit oder des Schönen nicht mehr oder doch nur sporadisch, gelegentlich, und in nicht philosophisch prägnantem Sinn. Der Leser braucht sich an die ursprüngliche Definition des Schönen als sinnliches Scheinen der Idee und die metaphysischen Zusammenhänge, aus denen sie hervorging, nicht zu erinnern. Selbst im Schlußwort des Werkes erscheint der Begriff des Schönen nur programmatisch — „... unsere Betrachtung hatte kein anderes Ziel, als den Grundbegriff des Schönen und der Kunst durch alle Stadien hindurch, die er in seiner Realisation durchläuft, zu verfolgen..." (XV, 573) —, während gerade die nochmalige Definition der Kunst ihn nicht, wohl aber und betonter den der Wahrheit enthält: „Denn in der Kunst haben wir es mit keinem bloß angenehmen oder nützlichen Spielwerk, sondern mit der Befreiung des Geistes vom Gehalt und den Formen der Endlichkeit, mit der Präsenz und Versöhnung des Absoluten im Sinnlichen, mit einer Entfaltung der Wahrheit zu tun, die sich nicht als Naturgeschichte erschöpft, sondern in der Weltgeschichte offenbart..." (ebd.).

Das Thema unserer Überlegungen ist an sich nicht der Begriff der Schönheit sondern der Gebrauch des Wahrheitsbegriffs im Bereich der Kunst. Die enge philosophische Verflechtung beider Begriffe, die Hegel herstellt und der Ästhetik der einzelnen Künste voranstellt, machte es jedoch erforderlich, zunächst die Auswirkung der ästhetischen Grundkategorie des Schönen zu beobachten. Daß sie eben nicht zu entscheidender Auswirkung gelangt, sondern durch Umsetzung in den Begriff des Ideals mehr oder weniger eliminiert wird, ist symptomatisch für das, was man die Krise oder den Abbau des Schönheitsbegriffes als ästhetische Grundkategorie nennen kann — zugunsten des Wahrheitsbegriffs, wie es Schiller schon 1797 gefordert hatte.

Doch wir haben noch bei Hegels Ästhetik zu bleiben und zuzusehen, wie es sich in ihr mit dem Wahrheitsbegriff verhält, dessen Identität mit dem Schönheitsbegriff in der philosophischen Grundlegung definiert worden war, absolute Setzungen, formuliert, wie nochmals erinnert sei, in Sätzen wie z. B. diesem: „... das wahre Schöne ist ... die gestaltete Geistigkeit, das Ideal, und näher der absolute Geist, die Wahrheit selber" (XIII, 115). Wie also verhält es sich mit dem Wahrheitsbegriff, wenn wir aus dem Bereich der Ideendefinitionen in den der praktischen Ästhetik, der Beschreibung der Künste und Kunstwerke hinübergeführt werden? Zu konstatieren ist zunächst, daß er sporadisch wie der des Schönen auftritt, und in diesen Fällen nicht in begrifflich-ideellem Zusammenhang mit diesem.

Im Zusammenhang der indischen Kunst (die als „symbolische" Kunst den Begriff der Kunst noch nicht voll erfüllt) ist von ihrer Darstellung der „Personifikation" die Rede, d. h. der Personifikation von Naturerscheinungen — „das Leben der Ströme, Berge, Gestirne, der Sonne" (XIII, 439) — durch menschliche Gestalten. Dies findet Hegel „unter der Würde der menschlichen Gestalt", da diese „nur den inneren Gehalt des Geistes ausspricht" (ebd. 440). „In all diesen Beziehungen", heißt es dazu, „kann dies Personifizieren nicht wahrhaft sein, denn die Wahrheit in der Kunst fordert, wie die Wahrheit überhaupt, die Zusammenstimmung des Innen und Außen, des Begriffs und der Realität" (ebd. 441). Dieser Wahrheitsbegriff hat die Form der adäquatio rei et intellectus. Aber er ist bezogen auf die Mythologie und Darstellung der indischen Götter, sowohl die Personifikation als auch u. a. die Maßlosigkeit, mit der „menschliche Individuen zur Bedeutung eines wirklichen göttlichen Tuns erhöht werden" (ebd. 437), oder wie z. B. in der Sakuntala die konkrete Wirklichkeit menschlicher Liebeswelt in Indras Himmel hinübergehoben wird (ebd. 438). Was also hier Wahrheit benannt wird, ist letztlich das — von der indischen Kunst nicht erfüllte — Ideal, wenn für Begriff Geist und für Realität Körperlichkeit eingesetzt wird. Wie Hegel denn auch in diesem Zusammenhang auf die griechische Mythologie hinweist, die „auch ihre Flußgötter, Nymphen, Dryaden hat", aber nicht wie die indische „bei der grotesken Vermischung des

Natürlichen und Menschlichen stehen bleibt", sondern aus der „Personifikation . . . Individuen [bildet], an welchen die bloße Naturbedeutung zurücktritt und das Menschliche dagegen, das solchen Naturinhalt in sich aufgenommen hat, das Hervorstechende wird" (ebd. 441). Eine solche Stelle macht es deutlich, daß Wahrheit mit dem durch die menschliche, als solche geistgeprägte Schönheit erfüllten „Ideal" äquivalent gesetzt ist, und als Hegelsche Ideenkombination ist diese Bestimmung oder Anwendung von Wahrheit hinzunehmen.

In einem Abschnitt über das Verhältnis der jeweiligen historischen Gegenwart zu den von der Kunst gewählten Stoffen nimmt Hegel auf die Modernisierung Bezug, die das klassizistische französische Drama mit griechischen und römischen, auch chinesischen und peruanischen Helden vorgenommen hat, indem es diese „als französische Prinzen und Prinzessinnen dargestellt und ihnen die Motive und Ansichten der Zeit Ludwigs XIV. und XV. gegeben" hätte (XIV, 238). Er tadelt diese Dramen, weil diese Motive und Ansichten nicht tief und schön genug seien. Im Prinzip aber sieht er in dem „Herüberziehn in die Gegenwart der Kunst nichts eben Schlimmes. Im Gegenteil, alle Stoffe, sie seien aus welcher Zeit und Nation es sei, erhalten ihre Kunstwahrheit nur als diese lebendige Gegenwärtigkeit, in welcher sie die Brust des Menschen, den Reflex seiner füllt und Wahrheit uns zur Empfindung und Vorstellung bringt", die Wahrheit „des unvergänglich Menschlichen" (239). Zweifellos hat „Kunstwahrheit" hier einen anderen Sinn, ist anders definiert als in der Stelle über die indische Kunst. Ja, wir dürfen sagen, daß sie garnicht definiert ist, sondern nur die „Empfindung und Vorstellung" von allgemein Menschlichem meint, die auch ein Drama mit historischem Stoff bei dem einer anderen Zeit angehörigen Zuschauer oder Leser hervorrufen und als „Reflex seiner", als mea res agitur erlebbar machen kann. Vergleichen wir die hier aufgerufene Kunstwahrheit mit der anläßlich der indischen Kunst benannten, wo sie sogar „wie die Wahrheit überhaupt" als Zusammenstimmung von „Begriff und Realität" definiert ist, so widerspricht im Grunde der auf das historische Drama angewandte Wahrheitsbegriff gerade dieser Bestimmung. Denn nicht um Zusammenstimmung von „Begriff" des unvergänglich Menschlichen und dargestellter, d.h. hier historischer „Realität" handelt es sich hier, sondern um das Gegenteil, das Nichtübereinstimmende beider Faktoren: daß trotz des historischen Stoffes ein nicht historisch gebundenes sondern allgemeingültig Menschliches dargestellt werden kann. — Eine ähnliche Wahrheitsbenennung tritt am Beispiel von

Tizians Porträtmalerei auf. „Es verhält sich damit wie mit der Beschreibung von großen Taten und Ereignissen, die ein wahrhaft künstlerischer Geschichtsschreiber liefert, welcher uns ein viel höheres, wahreres Bild desselben entwirft, als dasjenige sein würde, das wir aus eigener Anschauung gewinnen" (XV, 104). Und auch, anläßlich der Einheitsregeln des Dramas, der Kritik an der Forderung der Zeiteinheit ist eine solche Kunstwahrheit gemeint: „. . . eine solche Darstellung schon deshalb aus dem Bereiche der dramatischen Poesie entfernen zu wollen, weil sie gegen jene festgestellte Zeiteinheit verstößt, würde nichts anderes heißen als die Prosa der sinnlichen Wirklichkeit zur letzten Richterin über die Wahrheit der Poesie aufwerfen" (XV, 484).

Es finden sich in den „Vorlesungen über die Ästhetik" kaum mehr weitere Stellen, wo Begriff und Wort Wahrheit bei der Beschreibung oder Beurteilung einzelner Kunstarten und Kunstwerke angewandt werden. Wenn dies an sich schon symptomatisch für die interpretatorische Brauchbarkeit dieses Begriffs ist, so ist denn auch nicht nur der jeweilig verschiedene Sinn, in dem diese Wahrheitsbegriffe eingesetzt sind, sondern vor allem die mangelnde Bezeichnungskraft zu konstatieren, die sie in den zitierten Kunsturteilen haben. Und zwar deshalb, weil sie in den zur Rede stehenden Zusammenhängen ungenau, unspezifisch sind. „Die Wahrheit der Poesie" z.B. ist nicht die Antwort auf die fehlerhafte Forderung der alten Dramenpoetik, daß die Zeit der Handlung der Zeit des Zuschauers, also „der Prosa der sinnlichen Wirklichkeit" angepaßt sein müsse. Sondern es ist die Fiktivität der Dramenhandlung, die hier im Spiele ist und auch die so oder so beschaffene Zeit, in der sie sich abspielt, zu einer gedachten, fiktiven macht.

Wie es sich mit den Wahrheitsbegriffen verhält, die in diesen Kunsturteilen Hegels eingesetzt werden und die sich, wie wir sehen werden, bis in die Kunstkritik unserer Zeit in reichlicher Anzahl erhalten haben, wird in prinzipieller Weise später erörtert werden. Was die Hegelsche Ästhetik betrifft, so ist es, wie gesagt, ein bezeichnender Umstand, daß diese Wahrheitsbegriffe oder Wahrheitsbenennungen in den praktischen Teilen nur sporadisch auftreten und nun auch umgekehrt dort nicht erscheinen, wo sie im Hegelschen Sinn am Platze gewesen wären. Das Wort Wahrheit erscheint nicht, wo Hegel die holländische Malerei charakterisiert. Was er an diesen „Bildchen" rühmt, ist nicht, daß sie „eine Vorstellung von dem Gegenstande", den sie darstellen, von „Trauben, Blumen, Hirschen, Bäumen . . . Putz und Schmuck der Gerätschaften des täglichen Lebens" geben, sondern „das in Rücksicht auf den Gegenstand ganz interesselose Scheinen" (XIV, 226 f.). Und dieses Scheinen, das, wie schon oben zitiert, selbst vom sinnlichen Scheinen des *Schönen* abgetrennt wird — „Vom Schönen wird gleichsam das Scheinen als solches für sich fixiert" (ebd.) — wird auch nicht, wie es den philosophischen Definitionen gemäß der Fall sein könnte, als „scheinende oder erscheinende Wahrheit" erklärt, sondern als „Scheinen der äußeren Erscheinungen", d.h. der Realität dieser Gegenstände. An der schon zitierten früheren Stelle über die niederländische Malerei wird der hier von Hegel gemeinte Sinn dieses Scheinens deutlicher: Umsetzung, „Verwandlung" der realen „Materiatur" (XIII, 215) in Farbe und bemalte Fläche. „Statt existierender Wolle, Seide ... sehen wir bloße Farben, statt der totalen Dimensionen, denen das Natürliche zu seiner Erscheinung bedarf, eine bloße Fläche, und dennoch", meint Hegel, der über Stilbegriffe wie den des Realismus noch nicht verfügte, „haben wir denselben Anblick, den das Wirkliche gibt" (was in dieser Formulierung natürlich gerade dem von ihm gemeinten Sinn von Schein nicht entspricht). Hegel setzt hier also nicht die Wirklichkeit dieser Dinge in Gegensatz zur „Wahrheit" der Malerei, wie es analog zur „Wahrheit der Poesie" in bezug auf das Zeitproblem des Dramas hätte geschehen können, sondern schlicht und richtig den Schein, die Illusion, die Fiktivität, die gemalte Wolle im Unterschied zur wirklichen ist. Wenn Hegel an der Malerei, die er ja nur als solche gegenständlichen Stils kannte, die „Lebendigkeit des Scheinens" (XV, 66) rühmt, so meint er nicht das sinnliche Scheinen der Idee, sondern den „Schein der Realität" (ebd. 67); und es ist ebenso bezeichnend wie es für das Kunstverständnis Hegels zeugt, daß er solche Bilder — er führt die Porträts des Balthasar Denner, „die dennerschen Porträts" an — tadelt, „die zwar nach dem Prinzip der Täuschung ... Nachahmungen der Natur sind, aber ... die Lebendigkeit als solche, auf die es hier ankommt, gar nicht treffen ..." (ebd. 63). Er setzt der Wirklichkeit nicht Wahrheit, sondern ein konkretes Kunstverfahren und -prinzip entgegen.

Es kam uns bei der Musterung der Kunstbeschreibungen in Hegels „Vorlesungen über die Ästhetik" auf den Nachweis des geringen Gebrauchs an, der dabei vom Begriff der Wahrheit (bzw. des Wahren) gemacht wird. Die wenigen Beispiele, an denen er auftritt, wurden erörtert, wobei sich zeigte, daß diese Wahrheitsbegriffe jedenfalls einen anderen, konkreteren Sinn als den der in die „Sphäre des absoluten Geistes" (XIII, 140) versetzten Wahrheit haben und nicht mehr verraten,

„daß die Kunst es ist, welche die Wahrheit in Weise sinnlicher Gestaltung für das Bewußtsein hinstellt" (ebd. 139). Bedenken wir dieses Faktum, so dürfte der Grund dafür eben in der großen Konzeption der Hegelschen Kunstphilosophie zu finden sein. Es wurde zu zeigen versucht — wie zusammenfassend nochmals erinnert sei —, daß in ihr die Begriffe des Schönen und des Wahren als identisch gesetzt werden derart, daß sozusagen für den Zweck der Kunst das „Kunstschöne" als Name für das Wahre eingesetzt wird. Es zeigte sich im genaueren Verfolg der gedanklichen und begrifflichen Zusammenhänge, daß „das Schöne" als „das sinnliche Scheinen der Idee" sich als das sinnliche Scheinen der Wahrheit erwies (wie denn als die primäre Eigenschaft der Idee Wahrheit und nicht Schönheit gesetzt ist) und die damit zusammenhängende Bestimmung, daß" die Idee nicht nur wahr, sondern schön" ist (XIIl, 151), als eine rein begriffliche hinzunehmen ist. Nun aber wird der Begriff des Schönen als des „Kunstschönen" als solcher nicht beibehalten, sondern expressis verbis durch den des Ideals ersetzt, der nun schon als solcher die Begriffe des Schönen und des Wahren verdrängt. Das Ideal aber besagt letztlich nichts anderes als daß das Kunstwerk Geistiges in sinnlicher Gestalt darstellt (wie denn das Verhältnis dieser beiden Faktoren Hegel zum Erkenntnis- und Einteilungskriterium der Künste und Kunstwerke dient). Diese Bestimmungen der kunstphilosophischen, die Ästhetik konstituierenden Begriffe bewirken, daß gerade die im platonischen Sinne hypostasierten Begriffe des Schönen und Wahren im praktischen Felde der Kunstbetrachtung nicht mehr zur Geltung kommen. Sie deszendieren letztlich zum Begriff und Phänomen der Kunst selbst: Das „Kunstschöne" stößt gewissermaßen den Begriff des Schönen ab und besagt nichts anderes als eben die Kunst. Wenn dann in den praktischen Teilen der „Vorlesungen" der Begriff des Schönen nahezu völlig verschwindet und, wie sporadisch und wenig bezeichnungskräftig auch immer, der der Wahrheit oder des Wahren noch auftritt, so mag dies darin begründet sein, daß in der metaphysischen Grundlegung der Ästhetik die Idee der Schönheit in der der Wahrheit verankert wurde.

Wenn in nachhegelscher Zeit Schillers Forderung, Wahrheit statt Schönheit als Kunstprinzip einzusetzen, sich mehr oder weniger erfüllte und z.B. G.R. Gadamer sagen konnte, daß in Hegels „Vorlesungen über die Ästhetik" „auf großartige Weise der Wahrheitsgehalt, der in aller Erfahrung von Kunst liegt, zur Anerkennung gebracht sei" und „die Ästhetik damit ... zu einer Geschichte der Wahrheit [wird], wie sie im Spiegel der Kunst sichtbar wird"[48], so bezeugt das diese in der Begriffsstruktur der Hegelschen Ästhetik angelegte Entwicklung der ästhetischen Begriffsbildung. Der Begriff einer „ästhetischen Wahrheit" bildet sich heraus, in den sozusagen der ältere ästhetische Grundbegriff der Schönheit oder des Schönen aufgesogen ist, doch in Hegelscher und nachhegelscher Zeit auch noch beibehalten und auf diese oder jene Weise mit dem der Wahrheit zu verbinden gesucht wurde.[49] „Das Schöne", heißt es z.B. bei Fr. Th. Vischer, „sagt uns etwas vom Gehalt des Lebens . . .; nur ist es nicht der einzelne Fall, nicht eine empirische Wahrheit, was es uns vor die Seele stellt, sondern es ist immer eine innere und allgemeine Wahrheit."[50] Wobei gerade in einem solchen relativ schlichten Diktum die Funktionslosigkeit des Schönheitsbegriffes deutlich wird, denn er meint nichts anderes als die Kunst selbst.

Entwicklung und Problematik des ästhetischen Wahrheitsbegriffs

Wahrheit also setzt sich in nachhegelscher Kunstkritik und -philosophie als ein ästhetischer Grund- oder Leitbegriff durch. Die Problematik, die damit gegeben ist, ist, soweit ich sehe, bisher nicht bedacht worden. Sie hängt damit zusammen, daß Wahrheit, im Unterschied zu Schönheit, eine Kategorie ist, die originär nicht der Kunst zugehörig ist, sondern der im weitesten Sinne verstandenen Realität des menschlichen Lebens.

---

[48] F.H. Gadamer, Wahrheit und Methode, Tübingen 1965, S. 93.

[49] Erinnert sei an berühmte Verse aus dieser Epoche, die als Wesen der Kunst das Ineinander von Schönheit und Wahrheit preisen: Beauty is truth/truth beauty . . .", mit denen John Keats „Ode on a Grecian Urn" (1820) schließt. Das in fünf Stanzen gebaute Gedicht beschreibt — in der Weise wie Homer den Schild des Achilles schildert — die auf der Urne dargestellten Bilder als Szenen des Lebens, die jedoch in die Stille und Ewigkeit des Kunstwerks gebannt sind, die Wahrheit (des Lebens) in oder als Schönheit, die Schönheit als Wahrheit. In „Wilhelm Meisters Wanderjahre" nennt die dritte Strophe des Gedichts, das im Künstlerkapitel der Pädagogischen Provinz steht, den „Sinn der ewgen Art", der „im weiten Kunstgefilde" webt: „Dieses ist der Sinn der Wahrheit / Der sich nur mit Schönem schmückt / Und getrost der höchsten Klarheit / Hellsten Tags entgegenblickt" (Zweites Buch, 8. Kapitel).

[50] Fr. Th. Vischer, Das Schöne und die Kunst. Stuttgart 1898, S. 83.

Logik, Semantik, Ethik sind die realitätsbezogenen Denkbereiche, die den Begriff der Wahrheit auf unterschiedliche Weise definieren. Auch noch die zur Ideenwelt oder der religiösen Ordnung hypostasierte Realität hat an der in einem Seinsverständnis gegründeten Faktizität (des der-Fall-seins) teil, die dem Wahrheitsbegriff zugehörig ist, ja ihn konstituiert.

Der realistische Sinn, in dem Schiller gefordert hatte, Wahrheit statt Schönheit als ästhetische Kategorie zu etablieren, wurde begreiflicherweise in der Kunst- und Literaturepoche aktuell und programmatisch, die nun durch die Begriffe des Realismus und — im Sinne positivistischer Wissenschaftsauffassung zugespitzt — des Naturalismus bezeichnet wird: Wahrheit als Prinzip wirklichkeitsgetreuer Darstellung menschlicher Lebenswelt — was den Naturalismus betrifft kritisch-anklägerisch spezialisiert zu der sozialen Wirklichkeit der proletarischen Gesellschaftsschicht. Der Begriff der Wahrheit ist hier nicht problematisch, weil er bezogen ist auf die außerkünstlerische Wirklichkeit, die der Gegenstand der künstlerischen Darstellung ist: Wahrheit war gemeint als die nicht verschönte, unstilisierte Wirklichkeit des Lebens und ist als solche in den Begriffen Realismus und Naturalismus enthalten.

Der in dieser Epoche wirkende Kunstphilosoph Conrad Fiedler hat diesen Wirklichkeits- und Wahrheitsbegriff kritisiert und ihm den der „künstlerischen Wahrheit" entgegengehalten. Sein Aufsatz „Moderner Naturalismus und künstlerische Wahrheit" (1881)[51] ist in bezug auf unsere Fragestellungen bemerkenswert, weil gerade die von Kantischer Erkenntnistheorie hergeleitete und auf den Prozeß des künstlerischen Schaffens übertragene Definition der Begriffe Wahrheit und Wirklichkeit die Problematik erkennbar macht, die eben in dieser Übertragung liegt. Fiedler anerkennt durchaus die neue Wirklichkeitsthematik der naturalistischen Künstler und verteidigt sie gegen den Einwand, daß sie „nicht die Wahrheit, sondern nur die Wirklichkeit darstellen"; er gibt ihnen darin recht, „daß nur die Wirklichkeit wahr sei" (117). Die Kritik nun, die er an der Wirklichkeits- und Wahrheitsauffassung der Naturalisten übt, daß sie auf eine „Inventarisierung der Welt" (119) hinauslaufe, sich „zur Sklavin der Wirklichkeit" mache, indem sie nur „Gegebenes" (124) darstelle, greift freilich deshalb nicht zu, weil Fiedler dies

---

[51] Der Aufsatz steht in: Conrad Fiedler, Schriften über Kunst. Hrsg. H. Eckstein. Köln 1977. Die im Text angegebenen Seitenzahlen beziehen sich auf diese Ausgabe.

durch keine Analyse eines naturalistischen Werkes erhärtet[52] und es denn auch nicht einsichtig wird, wieso der Wirklichkeitsbegriff, den er nun entwickelt, und die künstlerische Wahrheit, die er mit diesem verknüpft, nicht auch auf naturalistische Kunst zutrifft bzw. zuträfe, wenn es sich überhaupt um autochthone Begriffsbestimmungen handeln würde.

Ausgehend von der Kantischen Lehre der subjektiven (a priori im Gemüte bereitliegenden) Bedingungen der Möglichkeit der Erkenntnis von Gegenständen bezeichnet er „das was man Außenwelt nennt" als „das ewig wechselnde und ununterbrochen von neuem sich erzeugende Resultat eines geistigen Vorgangs" (123) und setzt den so verstandenen Erkenntnisvorgang mit dem des künstlerischen Schaffens als eines Wirklichkeit erzeugenden und damit Wahrheit gewinnenden gleich. „Auch der künstlerisch bildende Mensch, wenn er nach nichts anderem strebt, als in seinem Gebilde die Wahrheit von Natur und Leben zu erfassen, wird ... zwar begreifen, daß ihm Wahrheit nur auf dem Boden der seiner Erfahrung zugänglichen Wirklichkeit erwachsen könne, zugleich aber wird er einsehen, daß seine Tätigkeit sich auf keine andere Wirklichkeit berufen kann als diejenige, die sie selbst in ihren Gebilden hervorbringt" (ebd.). Wie verhängnisvoll die Anwendung der Begriffe Wahrheit und Wirklichkeit auf das Kunstschaffen und das Kunstgebilde ist, geht schon aus solchen Sätzen hervor. Es wird verkannt, daß subjektiv bedingte Erkenntnis der Wirklichkeit oder „Außenwelt" nicht ein Wirklichkeit *erzeugender* Prozeß[53] ist und wiederum der künstlerische Schaffensprozeß nicht *Wirklichkeit* hervorbringt. Der „Begriff der künstlerischen Wahrheit", den Fiedler mit dem „Prinzip der Produktion der Wirklichkeit" (129) identifiziert, verliert denn auch im selben Sinn und Maß seine Bezeichnungskraft wie der hier eingesetzte Begriff der Wirklichkeit selbst. Eben dies tritt darin hervor, daß Fiedler diese Prin-

---

[52] Fiedler begnügt sich mit dem Ausruf: „Und was hat nicht alles die bildende Kunst zum Stoffe ihrer Darstellung gemacht! Wie ist sie bei ihrer Darstellung zu Werke gegangen, um, sei es in minutiösester Ausführung, sei es in grob frappanter Wiedergabe gewisser hervortretender Bestandteile der Erscheinungen, ihren Zweck, die Enthüllung der wahren Gestalt der Dinge, zu erreichen" (119). Ein etwas detaillierterer, wenn auch immer noch allgemeiner Hinweis gilt bezeichnenderweise der „naturalistischen Literatur", ihrer „Schilderung selbst der verborgensten Lebens- und Gesellschaftszustände ... der Darstellung von der Aufdeckung des psychologischen Zusammenhangs" bis „zu den Versuchen physiologischer Begründung" (118f.).

zipien der Wirklichkeit und Wahrheit den „modernen Naturalisten" abspricht, Auch naturalistische Malerei würde „Wirklichkeit" produzieren, *wenn* sie eben Wirklichkeit produzierte. Aber die naturalistische Malerei so gut wie die romantische oder impressionistische, die der Nazarener so gut wie die der Kubisten produziert Gebilde aus Farben und linearen Konturen, allenfalls „Schein der Wirklichkeit", wie es Hegel gesagt hat, soweit es sich um realistische, in weiterem Sinne gegenständliche Kunst handelt.

Wir sind uns bewußt, dem von Fiedler gemeinten Sinn von Wirklichkeit und Wahrheit eben jenen banalen empirischen entgegenzuhalten, den er in Hinsicht auf das Wesen der Kunst und als Kunstprinzip der Naturalisten kritisiert. Es ist aber die willkürliche Verschiebung und Umdeutung der Begriffe und damit der durch sie bezeichneten Phänomene, die diese selbst verwischt und letztlich in ihrer Besonderheit und Bestimmtheit unerkennbar macht. Wir befinden uns nicht im Kategoriensystem der Realität, wenn wir auf diese oder jene Weise ein Kunstgebilde erleben. Das stofflich-reale Material Stein, Farbe, Ton, Wort — verliert den Charakter seiner Materialität, indem es zur Kunstgestalt geworden, in diese aufgesogen oder verwandelt ist. Die raumzeitliche Ordnung, die die Struktur der Wirklichkeit ist, ist nicht existent im Bereiche der Kunst bzw. ist die „Zeit" einer Roman- und Dramenhandlung, der Raum, den ein Gemälde oder die Theaterbühne darstellt, nicht die Zeit und der Raum des Betrachters, oder Lesers. Die Wirklichkeit, so können wir auch sagen, ist die Struktur des Lebens, die Nichtwirklichkeit die der Kunst.

Doch nicht das Problem der Wirklichkeit als solches steht in unserer Thematik zur Rede. Es wurde hier kurz beleuchtet, weil es in Conrad Fiedlers programmatischem Aufsatz in Zusammenhang mit dem der künstlerischen Wahrheit gebracht ist und es gerade dadurch deutlich

---

[53] Es scheint kein Zeugnis dafür zu geben, ob Fiedler Kenntnis von der neukantianischen Erkenntnistheorie Hermann Cohens gehabt hat, dessen Werk „Kants Theorie der Erfahrung" bereits 1871 erschienen war, das erkenntnistheoretische Hauptwerk „Logik der reinen Erkenntnis" dagegen erst 1902 (also 20 Jahre nach Fiedlers Aufsatz). Cohens sogenannte „Logik des Ursprungs" faßt das erkennende Denken als „Erzeugen" auf und wendet sich damit gegen die ihm zeitgenössische Theorie des naiven Realismus, der die Gegenstände der Erkenntnis als gegeben auffaßte. Dem entspricht Fiedlers Position fast bis in die Terminologie hinein, so daß sie wenn nicht als Übertragung so doch als Parallele zu der neukantianischen Erkenntnistheorie betrachtet werden kann.

wird, daß auch dieser Begriff ohne Bezeichnungskraft bleibt, wenn er an einem falsch definierten, durch eine Metabasis eis allo genos gewonnenen Wirklichkeitsbegriff geknüpft ist. Wenn aber in bezug auf die Wirklichkeit der Welt und des Lebens das Begriffspaar Wahrheit und Wirklichkeit gängig und denn auch in den mannigfachsten Bezügen legitim ist, so ist in bezug auf die Kunst diese Begriffsverbindung weitgehend gelöst oder auch ausdrücklich negiert worden, in dem — wie wir noch erörtern werden, nicht weniger problematischen — Sinne, daß Kunst zwar nicht Wirklichkeit darstellt, wohl aber Wahrheit kundtut.

Daß die Kunst Wahrheit kundtue, nach Ernst Cassirer z. B. eine Wahrheit reiner Formen — „Art gives us a new kind of truth ... of pure forms"[54], oder, wie der englische Kunsttheoretiker Herbert Read aufstellt, Wahrheit etabliere, die auf ihre Art verifizierbar sei[55], solche Feststellungen finden sich in dieser allgemeinen Form mancherorts in der Kunstbetrachtung. Daß aber selten nur die Wahrheit kundtuende Funktion der Kunst an einem konkreten Kunstwerk demonstriert wird, ist gewiß kein Zufall. Denn in solchen Fällen heißt es sozusagen Farbe bekennen, heißt es, das Was solcher Wahrheit festzustellen und zu benennen. Einen dieser seltenen Fälle bietet Martin Heideggers berühmte Beschreibung eines Bildes von van Gogh in dem Aufsatz „Der Ursprung des Kunstwerkes"[56] dar, der wir als einem für das Problem ästhetischer Wahrheit aufschlußreichen Beispiel nachgehen wollen.

Das Bild van Goghs stellt ein Paar frontal gestellte Schuhe dar und ist betitelt „Souliers aux lacets" (Schuhe mit Schnürsenkeln). Daß Heidegger diese Schuhe als Bauernschuhe bezeichnet und den Anschein erweckt, daß dies auch der Titel des Bildes sei, hat bereits Bezug auf die Wahrheit, die dieses Bild ihm „entbirgt". Denn die Fragestellung richtet sich nicht unmittelbar an das Gemälde selbst, sondern betrifft die Kategorie des Zeugs, die Heidegger in „Sein und Zeit" entwickelt hatte. Im „Kunstwerk"-Aufsatz soll erfahren werden, „was das Zeug in Wahrheit ist" (21), und zwar am Beispiel eines „gewöhnlichen Zeugs", für das „ein Paar Bauernschuhe" gewählt werden. Nun ist es bezeichnend und

---

[54] E. Cassirer, An Essay on Man, New York 1944, S. 160.

[55] „The fundamental purpose of the artist is the same as that of the scientist: to state a fact. And the fundamental purpose of attending to works is not to enjoy values, but as in science to establish truths" (H. Read, The Forms of Things unknown. London 1960, S. 7).

[56] Der Aufsatz steht in M. Heidegger, Holzwege. Frankfurt a. M. 1957. Die im Text angegebenen Seitenzahlen beziehen sich auf diese Ausgabe.

darf nicht übersehen werden, daß das Schuh-Bild van Goghs nur dazu dient, für die Beschreibung von Bauernschuhen, zu der „es nicht einmal der Vorlage wirklicher Stücke dieser Art von Gebrauchszeug bedarf" (22), „die Veranschaulichung zu erleichtern". „Für diese Nachhilfe genügt eine bildliche Darstellung" (ebd.). Der Ausdruck „Veranschaulichung" ist nicht zufällig: Veranschaulicht wird etwas, was nicht unmittelbar „geschaut" und damit auch beschrieben werden kann, ein Sinn, eine Idee, ein Begriff — hier eben das, was Heidegger als Zeug definiert hat. Zeug meint nicht unmittelbar das Leder, die Nähte und Nägel der Schuhe, sondern das, wozu es dient, seine Dienlichkeit, die in „Sein und Zeit" als Seinsart der Zuhandenheit, des „Um zu" als zentraler Bestimmungsfaktor des Zeugs herausgearbeitet ist. „Das Zeugsein des Zeuges besteht in seiner Dienlichkeit", heißt es auch im „Kunstwerk"-Aufsatz (22). Nun aber sind es die gemalten Schuhe, die im Bild isoliert in einem unbestimmten Raum stehen und an denen, wie Heidegger zugibt, nicht einmal Erdklumpen von der Ackerscholle kleben und auf ihre Verwendung hinweisen, die „dennoch" das Wesen ihrer Dienlichkeit aufschließen, ja sie darüber hinaus als „Verläßlichkeit" (23) sichtbar machen. Aber Dienlichkeit und Verläßlichkeit sind ihrerseits nur abstrakte Bestimmungen des Zeugs. Die gemalten Schuhe veranschaulichen diese als solche nicht. Veranschaulichung geschieht erst durch eine Art Prosagedicht, das zu den Schuhen eine Bäuerin erfindet, eine gedachte reale Bäuerin, die „ohne Beobachten und Betrachten all jenes weiß" (23), was der Interpret des Bildes aus den Schuhen herausgelesen hat, nämlich dies: „Aus der dunklen Öffnung des ausgetretenen Inwendigen des Schuhzeugs starrt die Mühsal der Arbeitsschritte. In der derbgediegenen Schwere des Schuhzeugs ist aufgestaut die Zähigkeit des langsamen Ganges durch die weit hin gestreckten und immer gleichen Furchen des Ackers,über dem ein rauher Wind steht. Auf dem Leder liegt das Feuchte und Satte des Bodens. Unter den Sohlen schiebt sich hin die Einsamkeit des Feldwegs durch den sinkenden Abend. In dem Schuhzeug schwingt der verschwiegene Zuruf der Erde, ihr stilles Verschenken des reifenden Korns und ihr unerklärtes Sichversagen in der öden Brache des winterlichen Feldes. Durch dieses Zeug zieht das klaglose Bangen um die Sicherheit des Brotes, die wortlose Freude des Wiederüberstehens der Not, das Beben in der Ankunft der Geburt und das Zittern in der Umdrohung des Todes.Zur Erde gehört dieses Zeug und in der Welt der Bäuerin ist es behütet. Aus diesem behüteten Zugehören ersteht das Zeug selbst in seinem Insichruhen"(ebd.).

Nicht nur „dieses sehen wir ... dem Schuhzeug im Bilde an", sondern die interpretierende Kraft des Betrachters erkennt darin auch die „Verläßlichkeit des Zeuges", kraft derer die Bäuerin „ihrer Welt gewiß ist"(ebd.). Über die Verläßlichkeit des Zeugs geht die Deutung auf die „Wahrheit" zu, die das Gemälde offenbart. Denn „an ihrer ersehen wir erst, was das Zeug in Wahrheit ist"(24). Womit, wird versichert, das Zeugsein des Zeugs gefunden wurde(ebd.). Und nun wird die anfängliche Mitteilung, daß das Schuh-Bild nur die Veranschaulichung dessen, was Zeug ist, erleichtern solle, gleichsam als Finte zurückgenommen und versichert, daß das Zeugsein des Zeugs „nur dadurch" gefunden wurde, „daß wir uns vor das Gemälde van Goghs brachten", nur „das Kunstwerk zu wissen gab, was das Schuhzeug in Wahrheit ist". Denn es kommt darauf an, „das Wesen der Kunst" als Wahrheit kundtuendes zu statuieren, und nicht nur das, sondern nun ins Fundamentalontologische ausgreifend als „das Sich-ins-Werk-Setzen der Wahrheit des Seienden". Dies wird dadurch herbeigeführt, daß in dem noch unspezifischen Ausdruck „in Wahrheit ist" das „ist" hervorgehoben wird — „Van Goghs Gemälde ist die Eröffnung dessen, was das Zeug, das Paar Bauernschuhe, in Wahrheit *ist*" (25) — und damit die volle Bedeutung von Seiendem erhält. D.h., daß die Bauernschuhe Zeug sind, das in „Sein und Zeit" als „das im Besorgen begegnende Seiende" definiert ist,[57] macht sie zu Seiendem, dessen Sein als Zeugsein sich dem Philosophen durch das Gemälde „entbirgt". In dem von Heidegger gedeuteten Sinn von ἀλήθεια, Wahrheit als Unverborgenheit des Seienden, bezeichnet er die Darstellung der Schuhe als „Geschehnis der Wahrheit". Daraus folgt der verallgemeinernde Schluß, daß, wie schon zitiert, „das Wesen der Kunst das Sich-ins-Werk-Setzen der Wahrheit" sei.[58]

---

[57] Sein und Zeit, a.a.O., S. 68.

[58] Für unsere Fragestellung ist es nicht mehr unmittelbar von Aufschluß, wenn im Folgenden das Geschehnis der Wahrheit an einem griechischen Tempel enthüllt und aus dem auf dem Felsgrund ruhenden Bauwerk die Kategorien des Wohnens und der Erde (als das „wohin das Aufgehen alles Aufgehende und zwar als ein solches zurückbirgt" S. 31) gewonnen wird, aber ebenso auch die der „Welt", da „das Werksein des Werkes eine Welt aufstellen heißt" (33). — Die weitere Auslegung der Aletheia als „Streit von Welt und Erde ins Werk gerichtet" (51) mit den daran anschließenden seins - und kunstontologischen Setzungen entzieht sich der Anwendbarkeit. Doch ist noch zu erwähnen, daß das aus dem Tempel gewonnene Begriffspaar Erde und Welt, dessen Widerspiel das Geschehnis der Wahrheit verbürgt, auch auf das van Gogh-Bild angewandt wird. „Im

Man wäre fast versucht, die beschwörende Versicherung, „Es wäre die schlimmste Selbsttäuschung, wollten wir meinen, unser Beschreiben habe als ein subjektives Tun alles so ausgemalt und dann hineingelegt" (24) als hintergründig lächelndes Geständnis der Täuschung zu nehmen, die diese Auslegung der gemalten Schuhe und die dazu verwandte Argumentation darstellt. Ganz abgesehen von dem erdichteten „Gemälde" der über den Acker schreitenden Bäuerin[59] — sollte es dem Philosophen wirklich entgangen sein, daß der vorgängig definierte Begriff des Zeugs als Dienlichkeit und Verläßlichkeit die Auslegung des Bildes zu einer Erschleichung macht? Und wenn man dazu bemerken könnte, daß ein reales Paar solcher Schuhe weit eher gerade diese Eigenschaften zu assoziieren veranlassen könnte, so ist nur festzustellen, daß dies, wie

---

Gemälde van Goghs geschieht die Wahrheit. Das meint nicht, hier werde etwas Vorhandenes richtig abgemalt, sondern im Offenbaren des Zeugseins des Schuhzeugs gelangt das Seiende im Ganzen, Welt und Erde in ihrem Widerspiel, in die Unverborgenheit" (44). Das geht also noch hinaus über die anfänglich nur aus dem Zeugsein, der in ihm enthaltenen Verläßlichkeit hergeleiteten Wahrheits- und Seinsentbergung. Aber es ist gewiß kein Zufall, daß in die Auslegung dieses Zeugs die „Erde", die „Furchen des Ackers", das „Feuchte des Bodens" schon einbezogen sind und denn auch ausdrücklich gesagt wird: „Zur Erde gehört dieses Zeug und in der Welt der Bäuerin ist es behütet." Hier haben Erde und Welt noch eine natürliche Bedeutung, meint Erde noch nicht „das im Aufgehen wesende Bergende" (31), meint Welt den Lebensumkreis der Bäuerin und ist noch nicht definiert als das „immer Ungegenständliche, dem wir unterstehen, solange die Bahnen von Geburt und Tod, Segen und Fluch uns in das Sein entrückt halten" (33). Dennoch ist es nicht von ungefähr, daß in der Gemäldebeschreibung die Begriffe Erde und Welt vorkommen, deren weitere seinsphilosophische Auslegung und Verbindung den Heideggerschen Wahrheitsbegriff der Kunst hervorbringen und dann, beladen mit dem Sinn dieser Auslegung, wieder auf das Gemälde angewandt werden.

[59] Daß die Schuhe einer Bäuerin und nicht einem Bauern zugehören sollen, beruht offenbar auf dem Sinn der „Verläßlichkeit", kraft derer „die Bäuerin durch dieses Zeug eingelassen ist in den schweigenden Zuruf der Erde". Mehr oder weniger bewußt ist eine Bäuerin und nicht ein Bauer zur Darstellung solcher Verläßlichkeit gewählt, weil die Frau dem Leben der Erde, der Natur näher ist als der Mann, von Geburt und Tod mehr weiß als er. — Direkter allerdings ist das Faktum, auf das Robert Minder hingewiesen hat, daß Heidegger hier seiner Mutter, der Meßkirchner Bäuerin, ein Denkmal gesetzt habe (Heidegger und Hebel oder die Sprache von Meßkirch. In: R. Minder, Dichter in der Gesellschaft. Frankfurt a. M. 1972, S. 256). Doch gehören diese Aspekte zusammen.

schon bemerkt, um der Kunstwahrheit willen vermieden ist, deren Begriff aus dem Zeugsein des Zeugs gewonnen werden soll. Denn nicht ein Paar realer Bauernschuhe vermöchte, die Wahrheit des Seienden ins Werk zu setzen — dies zu behaupten entbehrte der Komik nicht —, nur von einem „Werk der Kunst" kann solches gesagt werden, denn, so dürfen wir hinzusetzen, nur dieses ist der Auslegung, der Deutung offen.

Es mag dem Heideggerschen fundamentalontologisch ausgelegten Sinn und Begriff der Wahrheit der Kunst nicht angemessen sein, wenn wir zum Vergleich eine andere, schlichtere Gemäldedeutung heranziehen, die sich in der schon erwähnten Schrift Fr. Th. Vischers „Das Schöne und die Kunst" (publ. 1898) findet. Im Anschluß an die schon zitierte Stelle — „Das Schöne sagt uns etwas vom Gehalt des Lebens ... nur ist es nicht eine empirische Wahrheit, was es uns vor die Seele stellt, sondern ... eine innere und allgemeine Wahrheit" — exemplifiziert Vischer auf die Sixtinische Madonna. Er betrachtet sie als Protestant, der nicht an den Marienmythos glaubt, und kümmert sich nicht darum, was sie für die Katholiken bedeutet. „Aber danach fragen wir nicht, wenn wir die sixtinische Madonna sehen. Da handelt es sich nicht um Wahrheit in dem Sinne des katholischen Glaubens an die Mutter Gottes, sondern um eine innere, allgemeine Wahrheit. Wir sehen das Weib, das als Mutter rein wie eine Jungfrau bleibt, das hohe Bild weiblicher Reinheit, edelster Jungfräulichkeit. Das ist die allgemeine, die innere Wahrheit, die wir hier erfahren."[60] Sehen wir davon ab, daß Vischers Sicht „soziologisch", von der Frauen- und Mädchenauffassung des bürgerlichen 19. Jahrhunderts gelenkt ist, so dürfte der Beschauer, welcher Religion er auch angehören mag, keineswegs Darstellung edelster Jungfräulichkeit, also einer irdischen Erscheinung, erfahren, sondern Heiligkeit. So sagt es ein anderer Interpret: „Das rein Menschliche ist hinter dem Göttlichen zurückgetreten. In unnahbarer Hoheit tritt die Madonna aus den Wolken heraus, in vollem Bewußtsein, daß sie nicht mehr das zärtlich geliebte Kind, sondern den Heiland der Welt in ihren Armen trägt", ein „Gnadenbild", das sich „wie ein Gebild aus Himmelshöhen der staunenden Menschheit zeigt"[61], auf die im Bilde der Heilige Sixtus hinunterzuweisen scheint. In der Tat, auch wenn wir noch

---

[60] Vischer, Das Schöne a. d. Kunst, a. a. O., S. 83.
[61] Raffael. Klassiker der Kunst I. Stuttg. u. Leipzig 1905, S. XXIX.

garnicht die überirdische Szene, die Erhöhung der Gestalt über die kniend anbetenden Figuren des Hlg. Sixtus und der Hlg. Barbara einbeziehen, so verleiht gerade der ernste, dem Kinde nicht zugewandte, in eine Ferne gerichtete, fast bangende ja numinose Ausdruck der Augen, der das Gesicht beherrscht, und mit dem des Kindes korrespondiert, das Signum der nicht mehr irdischen, der religiösen Welt, nicht das der Jungfrau als solcher sondern der Heiligen Jungfrau. Der zitierte Interpret (A. Rosenberg) verwendet den Begriff der Wahrheit nicht, bezeichnet die Göttlichkeit, die er in der Sixtinischen Madonna ausgedrückt findet, nicht als die innere Wahrheit des Gemäldes wie Vischer die unzutreffend aus ihm herausgelesene Jungfräulichkeit. Gerade aber weil hier eine unzutreffende Deutung als Wahrheit ausgegeben wird, entlarvt sich diese Bezeichnung als subjektive Meinung des Interpreten, die gewissermaßen den Begriff der Wahrheit in Mißkredit bringt. Aber auch wenn der Kunsthistoriker Rosenberg den zutreffend oder doch zutreffender als Göttlichkeit gedeuteten Sinn- und Ausdrucksgehalt als die Wahrheit des Gemäldes bezeichnet hätte, würde diese Bezeichnung nur subjektiven Wert haben und eben zu der Interpretation nichts über die der Göttlichkeit hinaus beitragen. Es zeigt sich an diesen beiden verschiedenen Interpretationen desselben Kunstwerks, daß die Anwendung des Wahrheitsbegriffes im Bereiche der Kunst den Charakter eines subjektiven Werturteils hat, der gerade in Gegensatz zu dem Objektivitäts- oder Faktizitätssinn steht, der dem Wahrheitsbegriff innewohnt. Wenn der Interpret eines Kunstwerks den von ihm gedeuteten Sinn- oder Ausdrucksgehalt mit der Wahrheitsqualität versieht, so ist es offenbar eben dieser Objektivitätscharakter des Wahrheitsbegriffes, der ihn dazu verführt: Daß, wie Fr. Th. Vischer meint, die von ihm gedeutete reine Jungfräulichkeit der Sixtina ihre innere allgemeine Wahrheit sei, scheint dieser Deutung die Objektivität des Soseins zu verleihen. Wird aber dieser Begriff auf eine Deutung bezogen, wird die Subjektivität, die jeder Deutung wesentlich ist, mit der objektiven Qualität der Wahrheit versehen, so wird diese ihres eigentlichen Bedeutungsgehalts entleert und ihrerseits zu nichts als einem subjektiven Werturteil, mit dem der Interpret seine eigene Deutung, aber nicht das so oder so gedeutete Kunstwerk versieht.

Heidegger entdeckt als den Wahrheitsgehalt, das Geschehnis der Wahrheit in van Goghs Schuh-Bild das Zeugsein des Zeugs, das sodann in den Horizont der „Wahrheit des Seienden" gestellt wird und erst daraus den Wahrheitssinn seines Zeugseins erhält. Heidegger bezieht den

Bezug auf Seiendes in seinen Wahrheitsbegriff ein, im Sinne von Aletheia als Unverborgenheit des Seienden. Doch kommt es nicht auf die Auslegung von Wahrheit an, sondern auf ihren Gebrauch für die Kunst. Philosophisch weit entschiedener als naturgemäß bei Vischer ist, wie gezeigt, die Deutung des von ihm gewählten Beispiels mit der Eigenschaft, „Wahrheit ins Werk zu setzen", beladen. Und weit entschiedener auch die Deutung der Schuhe van Goghs als Zeug im Sinne der in „Sein und Zeit" entwickelten Seinsart von Zeug. Dennoch kann man diese Deutung in einem ähnlichen, ja noch radikaleren Sinn als die der Sixtina bei Vischer für unzutreffend halten, weil ihre Elemente nicht dem Bilde selbst entnommen sind, sondern einer weit ausgemalten Phantasie darüber, wie eine Bäuerin in solchen Schuhen über den Acker geht, und eben der Analyse des Begriffes Zeug selbst. Die Deutung selbst aber mag akzeptiert und eben als Deutung Heideggers im Horizont seiner Philosophie akzeptiert werden. Die Wahrheitszuschreibung, das Zeugsein des Schuhzeugs als die vom Bild „ins Werk gesetzte Wahrheit", die wiederum als „die Eröffnung des Seienden in seinem Sein" bestimmt wird (27), ist philosophisch enger mit dem primären Deutungsresultat verquickt als im Falle von Vischers Sixtinadeutung und kann deshalb nicht unmittelbar als subjektives Werturteil gelten. Es verhält sich hier eher so, daß die weithergeholte Interpretation nichts anderes als die Heideggersche Seinsauslegung ist, die identisch mit seiner Wahrheitsauslegung ist. „Was das Zeug sei, ließen wir uns durch das Werk sagen. Dadurch kam, gleichsam unter der Hand, an den Tag, was im Werk am Werk ist: die Eröffnung des Seienden in seinem Sein: das Geschehnis der Wahrheit" (27). Der auf das Bild, die gemalten Schuhe, angewandte Wahrheitsbegriff ist durch die Verallgemeinerung ja Verabsolutierung der angewendeten Kategorien Zeug, Seiendes, Sein des Seienden so weit von der Sache selbst entfernt worden, daß auch er keine Bezeichnungsfunktion hat. Gemalte Schuhe können höchstens *ein* Seiendes „eröffnen", nämlich das Sosein dieser Schuhe. Doch ist es ein falscher Anspruch der Philosophie, einem einzelnen Kunstwerk die Funktion zuzuerkennen, „die Unverborgenheit *des* Seienden" zu eröffnen oder, auf den Künstler bezogen, „im Schaffen" hervorzubringen (59) und damit die Wahrheit ins Werk zu setzen, die bei Heidegger ein mit der Unverborgenheit des Seienden identischer Begriff oder Ausdruck ist. In einem weiteren Sinne ist auch diese dem gedeuteten Kunstwerk zugeschriebene Wahrheit ein subjektives Urteil, in einem radikaleren, wenn auch nicht auf den ersten Blick erkennbaren, Sinn als bei Vischer, weil Wahrheit selbst ein von Heidegger, als Unverborgenheit, ausgelegter Begriff ist.

Daß der bei Heidegger wie in anderer Weise bei Hegel auf die Kunst angewandte Wahrheitsbegriff in einer bestimmten, eben ontologischen bzw. idealistischen Auffassung von Wahrheit fundiert ist, unterscheidet ihn von dem Wahrheitsbegriff, der in der übrigen bedeutenden Kunstphilosophie der letzten Jahrzehnte aufgetreten ist. Wahrheit erscheint hier als eine von allen Bezügen gelöste und damit nahezu absolute Qualität der Kunst. Sie wird als solche die Begründung für den Zusammenhang der Kunst mit der Philosophie. E. Th. Adorno und H. G. Gadamer stimmen bei aller Unterschiedlichkeit der Positionen und Intentionen darin überein. „Daß an einem Kunstwerk Wahrheit erfahren wird, die uns auf keinem anderen Weg erreichbar ist, macht die philosophische Bedeutung der Kunst aus"[62], heißt es bei Gadamer gleichsam leitmotivisch für das Werk „Wahrheit und Methode", dessen erster Teil „Die Freilegung der Wahrheitsfrage an der Erfahrung der Kunst" betitelt ist. Wenn Adorno als Grundbestimmung seiner „Ästhetischen Theorie" festsetzt: „Ästhetik, die nicht in der Perspektive auf Wahrheit sich bewegt, erschlafft vor ihrer Aufgabe" (515 f.)[63], so ist dies auch hier darin begründet, daß die Kunstwerke „Wahrheitsgehalt" haben, der nur mit Hilfe der Philosophie (d.i. der Ästhetik) erreicht werden kann. Das wird z.B. so ausgedrückt: „Der Wahrheitsgehalt eines Werkes bedarf der Philosophie. In ihm erst konvergiert diese mit der Kunst oder erlischt in ihr (507) — wobei „oder" wohl keine Alternative zwischen konvergieren und erlöschen bezeichnet, sondern gleichbedeutende Funktionen der Philosophie für die Ermittlung oder Freilegung des Wahrheitsgehalts des Werkes.

Sowohl bei Gadamer wie bei Adorno wird die Feststellung oder Überzeugung, daß an Kunst Wahrheit erfahren werde, durch die Einführung der Erkenntnisfunktion zu sichern gesucht. Gegen „die Grundlegung der Ästhetik im Erlebnis" als einer subjektivistischen, auf „die Punktualität und Diskontinuität des Erlebnisses begrenzten und damit auf „die Unverbindlichkeit des ästhetischen Bewußtseins" gestützten Ästhetik stellt Gadamer auf: „Kunst ist Erkenntnis und die Erfahrung

---

[62] Gadamer, Wahrheit u. Methode, a.a.O., S. XIV.
[63] Th. W. Adorno, Ästhetische Theorie. stw 2. Frankfurt a.M. 1973. Die im Text angegebenen Seitenzahlen beziehen sich auf diese Ausgabe.

des Kunstwerks macht dieser Erkenntnis teilhaftig"[64]. Diese Erkenntnis sei zwar „von aller begrifflichen Erkenntnis" verschieden, „aber doch Erkenntnis, das heißt Vermittlung von Wahrheit"[65]. Adorno setzt die Beziehung umgekehrt. Nicht weil Kunst Erkenntnis ist, vermittelt sie Wahrheit, sondern „weil Kunstwerken das Moment von Wahrheit wesentlich ist, partizipieren sie an Erkenntnis" (516). Die für die Kunst zuständige Erkenntnis wird bei beiden Philosophen von anderer Erkenntnis unterschieden, von „begrifflicher Erkenntnis", wie Gadamer formuliert, von Objekterkenntnis bei Adorno, wo es heißt: „Die Erkenntnis der Kunstwerke folgt eigener erkennender Beschaffenheit: Sie sind die Weise von Erkenntnis, welche nicht Erkennen von Objekten ist" (516). Es ist nicht von ungefähr, daß diese Erkenntnis nur negativ definiert wird, als das, was sie nicht ist. Erkenntnis als eine der Kunst, ja den Kunstwerken zugeschriebene „Beschaffenheit" hat keine andere Bedeutung, als daß diese Wahrheitsgehalt haben, derart daß die Begriffe Wahrheit und Erkenntnis austauschbar sind. In Adornos Setzungen, die noch radikaler als diejenigen Gadamers abstrahieren, zeigt sich dies schon darin, daß der Wahrheitsgehalt als Grund für die erkennende Beschaffenheit der Kunstwerke statuiert wird.

Die „Ästhetische Theorie" Adornos, sein letztes großes, bei seinem Tode (1969) noch nicht ganz vollendetes Werk wurde 1970 aus seinem Nachlaß herausgegeben. Die oben daraus zitierten Sätze zeigen bereits an, daß der Begriff der ästhetischen oder Kunstwahrheit für diese ästhetische Theorie zentral ist, ja ihren Überzeugungskern ausmachen dürfte. Aus mehreren Gründen stößt der Versuch einer Analyse oder auch eines Nachvollzugs seiner Gedankengänge oder -konstellationen auf noch größere Schwierigkeiten als etwa bei Hegel, Zu ihnen gehört

---

[64] A. a. O., S. 92.
[65] Ebd., S. 93.
[66] Der Herausgeber der „Ästhetischen Theorie", R. Tiedemann, zitiert in seinem Nachwort aus einem Brief Adornos: „Das Buch muß gleichsam konzentrisch in gleichgewichtigen parataktischen Teilen geschrieben werden, die um einen Mittelpunkt angeordnet sind, den sie durch ihre Konstellation ausdrücken." Daß, wie der Herausgeber hinzufügt, „die Probleme der parataktischen Darstellungsform ... objektiv bedingt sind, Ausdruck der Stellung des Gedankens zur Objektivität" (S. 541), erleichtert den Nachvollzug des bzw. der Gedanken vor allem deshalb nicht, weil die paratakti-

gewiß — wer wollte es leugnen — die dialektisch verschlungene Denk-und terminologisch oftmals verrätselte, ja kryptische Ausdrucksform Adornos, nicht zuletzt auch die — von ihm selbst jedenfalls für dieses Werk — zugestandene parataktische[66], d.h. weniger argumentierend herleitende als konstatierende, in hohem Grade sentenzenhafte Darstellungsweise. Entscheidender ist jedoch der hohe Grad von Abstraktheit, Allgemeinheit und Absolutheit, zu dem die beiden Begriffe Kunst und Wahrheit hinaufgesteigert sind. Es zeigt sich denn auch, daß eben deshalb, weil Kunst gleichsam von ihrer geschichtlichen und menschlichen Bedingtheit losgelöst erscheint und ohne Hin- und Rücksicht auf ihre in den verschiedenen Kunstgattungen sich manifestierende Erscheinungsweise als „Begriff" gesetzt wird, ein „absoluter", also gleichfalls von allem Inhalt und Bezug losgelöster Wahrheitsbegriff auf sie angewandt werden kann.

Zunächst sei diese die Kunst absolut setzende Auffassung durch einige Sätze aufgezeigt (ein Verfahren, das durch die Darstellungsweise Adornos legitimiert sein dürfte). In dem „Zur Theorie des Kunstwerks" sehr allgemein betitelten Kapitel findet sich die Feststellung: „Kunst geht auch insofern keineswegs in den Kunstwerken auf, als Künstler immer auch an der Kunst arbeiten, nicht nur an den Werken" (272). Der Kontext, in dem der Satz steht, läßt ihn — wenigstens nach unserem vielleicht eingeschränkten Verständnis — nicht durchaus einsichtig werden. Er schließt an den Ausdruck „Sprachkunstwerk" an, den „ein Literaturhistoriker für die Dichtungen [wählte]"[67]. Dieser Ausdruck, meint Adorno, „tut *den*[68] Dichtungen auch Gewalt an, die Kunstwerke sind und, ihres relativ diskursiven Elements wegen, doch nicht nur Kunstwerke und nicht durchaus". Es folgt der zitierte Satz und auf diesen: „Was Kunst sei, ist unabhängig sogar vom Bewußtsein

---

sche Darstellung sich weniger in der Anordnung der Teile als in der der Sätze bemerkbar macht; diese stehen meist ohne Begründung und Zusammenhang nebeneinander.

Über die „Weigerung" Adornos, „im altgewohnten Sinn Gründe anzugeben", der „elementaren philosophischen Pflicht" zu genügen, Rechenschaft zu geben, „warum man sagt, was man sagt", spricht Rüdiger Bubner in einem Aufsatz über die Ästhetische Theorie": „Kann Theorie ästhetisch werden?" (Neue Rundschau, 89. Jahrg. (1978) 4. H. S. 537–553).

[67] Gemeint ist Wolfgang Kayser, dessen Buch „Das sprachliche Kunstwerk" 1948 erschien.

[68] Der Artikel ist im Text nicht hervorgehoben, was jedoch dem Sinn des Satzes gemäß wäre.

der Kunstwerke selbst" (ebd.)[69], und der Sinn dieses Satzes wird schwach erhellt durch den darauf folgenden kurzen Hinweis, daß „Zweckformen, Kultobjekte ... zu Kunst geschichtlich erst werden können" (ebd.). Zu entnehmen ist diesen Feststellungen nur, daß ein Begriff von Kunst, und zwar ein apriori gesetzter, axiomatisch zugrundegelegt ist. Es ist gewiß richtig (oder kann doch gegen andere mehr historisch gerichtete Auffassungen verteidigt werden), daß, wie es an anderer Stelle heißt, „der Begriff eines schlechten Kunstwerks etwas Widersinniges" hat, „seinen Begriff [verfehlt] und unter das Apriori von Kunst herabsinkt" (246). In der Tat faßt der Begriff Kunstwerk die Tatsache künstlerischen Rangs in sich, und es scheint die zitierte Feststellung, daß Kunst nicht in den Kunstwerken aufgeht, nur ein Ausdruck des Bemühens zu sein, Kunst als ein Abstraktum zu etablieren, sie von der Tatsache zu lösen, daß sie nur in der Mannigfaltigkeit der Kunstwerke, in der Form ihrer Gattungen und Arten und deren geschichtlichen Entwicklungen manifestiert ist, überhaupt existiert. Die Frage, ob Ästhetik den Status von Kunstphilosophie behaupten, d.h. Kunst als abstrakten Begriff zum Gegenstand dieser und jener Aussagen machen kann, scheint mir angesichts von Adornos Ästhetik besonders dringlich zu sein, und es ist der ihr zentral zugrundeliegende, ja sie konstituierende Wahrheitsbegriff, der sich vornehmlich als Gegenstand dieser Frage anbietet.

Die Wahrheitsaussagen sind über das ganze Werk verstreut, und auch in den Abschnitten, wo sie sich thematisch etwas mehr verdichten — in dem Kapitel „Rätselcharakter, Wahrheitsgehalt, Metaphysik" und in der „Frühen Einleitung" —, ist den in hohem Grade behauptenden Aussagen nur zu entnehmen, *daß* die Kunstwerke „Wahrheitsgehalt" haben. Dieser wird ihnen auf die verschiedenste Weise zugesprochen, entstammt Überlegungen mannigfaltigster Aspekte, die untereinander nicht immer widerspruchsfrei sind, wie sich noch zeigen wird.

---

[69] Hier sei vermerkt, daß in der „Ästhetischen Theorie" der Begriff Kunst mit dem Kollektivbegriff „die Kunstwerke" alterniert. So wird, um dies nur durch ein Beispiel zu belegen, sowohl Kunstwerken wie der Kunst „Sehnsucht" zugeschrieben. „Ohnmächtig wären Kunstwerke aus bloßer Sehnsucht, obwohl kein stichhaltiges ohne Sehnsucht ist" (199), und an anderer Stelle: „Dennoch sehnt Kunst, um ihrer Selbsterhaltung willen, verzweifelt sich nach dem Ausbruch aus ihrem Bereich" (459). (Es erübrigt sich, zu bemerken, daß nirgends demonstriert wird, wie sich Sehnsucht der Kunst und der Kunstwerke ausnimmt).

Ohne Zweifel liegt auch bei Adorno der bei der Wahrheitsfrage der Kunst allzu leicht statuierte Unterschied von Wahrheit und Wirklichkeit zugrunde. „Denn wahr ist nur, was nicht in diese Welt paßt" (93) — dieser lapidare Satz dürfte als das Credo des Philosophen bezeichnet werden können. Der Satz ist Folgerung aus der Feststellung: „Indem Kunstwerke da sind, postulieren sie das Dasein eines nicht Daseienden und geraten dadurch in Konflikt mit dessen realem Nichtvorhandensein" (ebd.). Die Identifikation des Nichtrealen, nicht Daseienden, Nichtseienden als Seinsweise der Kunstwerke mit Wahrsein oder Wahrheit wird dann im Kapitel über „Das Kunstschöne" deutlicher präzisiert: „In jedem genuinen Kunstwerk erscheint etwas, was es nicht gibt (127). Im Aufgang eines Nichtseienden, als ob es wäre, hat die Frage nach der Wahrheit der Kunst ihren Anstoß" (128).

Bevor die Gedankenzusammenhänge Adornos weiter verfolgt werden, soll diese zentrale Aussage mit einer Äußerung Goethes konfrontiert werden, die ihr merkwürdig genau entspricht. Über die Landschaften Claude Lorrains sagte Goethe zu Eckermann (10.4.1829): „Die Bilder haben die höchste Wahrheit, aber keine Spur von Wirklichkeit. Claude Lorrain kannte die reale Welt bis ins kleinste Detail auswendig, und er gebrauchte sie als Mittel, um die Welt seiner schönen Seele auszudrükken. Und das ist eben die wahre Idealität, die sich realer Mittel so zu bedienen weiß, daß das erscheinende Wahre eine Täuschung hervorbringt, als sei es wirklich." — Sehen wir dies Goethewort in Hinsicht auf den Einsatz der Begriffe (höchste) Wahrheit und das Wahre genauer an. Die Feststellung, daß die Bilder höchste Wahrheit, aber keine Wirklichkeit haben, wird dadurch näher bestimmt, daß die beseelte Landschaft des Gemäldes als „das erscheinende Wahre" bezeichnet wird. Diesem aber wird zugeschrieben, eine Täuschung von Wirklichkeit hervorzubringen. Es geht aber wiederum aus den voraufgehenden Sätzen hervor, daß das erscheinende Wahre solche Täuschung nur deshalb hervorbringen kann, weil der Künstler sich realer Mittel, also der realen Landschaft bedient hat bzw. diese darstellt. Daß die Bilder „keine Spur von Wirklichkeit" haben, wird im Grunde durch die Wirkung der Täuschung von Wirklichkeit wieder aufgehoben, und die „höchste Wahrheit" gewissermaßen als vorgetäuschte Wirklichkeit entlarvt. Dabei enthüllt sich, daß trotz aller entschiedenen Trennung von Wahrheit und Wirklichkeit, als Kriterium „ästhetischer Wahrheit", der Bezug von Wahrheit auf Wirklichkeit nicht ohne weiteres aus dem Wahrheitsbegriff eliminiert werden kann, zumal wenn es sich wie bei den Bildern Lorrains um gegenständliche Kunst handelt.

Auch in Adornos Satz hat „die Frage nach der Wahrheit der Kunst" damit zu tun, daß ein „Nichtseiendes", also Nichtwirkliches, die Täuschung, „als ob es wäre" (dem Goetheschen „als sei es wirklich" entsprechend) hervorbringt. Doch wird diese Wahrheitsfrage im Kontext dieses Satzes und des ganzen Kapitels nicht weiter erörtert. Nur indirekt kann aus den vorausgehenden und anschließenden Aussagen ermittelt werden, daß sie in Zusammenhang mit dem „Scheincharakter der Kunst" (129) stehen muß. Der Ausdruck fällt hier anläßlich einer Kritik an Platon, dessen „Ontologie sich am Scheincharakter der Kunst geärgert [hat]" und ihr „die buchstäbliche Wirklichkeit ihrer Stoffgehalte ... als Lüge ... vorrechnet" (ebd.). Hier ist Bezug genommen auf die Ideenlehre, die Wirklichkeit und damit für Platon Wahrheit nur der Idee zuerkennt, und der Platonischen Kritik entgegengehalten, daß „Kunst eben die buchstäbliche Wirklichkeit ihrer Stoffgehalte negiert", kraft der „Form", „das in Kunst zentrale Moment".

Es würde nun jedoch heißen, die hier dargelegten Gedankengänge stark zu vereinfachen, wollte man schließen, daß Wahrheit der Kunst im Gegensatz zur Lüge nun der stoffvernichtenden Form zugeschrieben würde. Sondern es wird zugestanden, daß „trotz all dem ... der Fleck der Lüge von Kunst nicht wegzureiben ist" (ebd.). Doch was hat es mit dieser Lüge auf sich? Es ist nicht die von Platon der Kunst vorgeworfene Lüge, das Wirkliche und Wahre sein zu wollen. Sondern Kunst lügt hier, weil „nichts dafür bürgt, daß sie ihr objektives Versprechen hält" (ebd.).

Das Motiv des Versprechens, als eine der der Kunst zugeschriebenen Verhaltensweisen, ist an früherer Stelle eingebracht, in unmittelbarem Anschluß an den bereits zitierten Satz: „Im Aufgang eines Nichtseienden, als ob es wäre, hat die Frage nach der Wahrheit der Kunst ihren Anstoß. Ihrer bloßen Form nach verspricht sie, was nicht ist, meldet objektiv und wie immer auch gebrochen, den Anspruch an, daß es, weil es erscheint, auch möglich sein muß" (128). Der Nachvollzug der in diesen Sätzen zusammengebrachten Begriffe oder Kategorien erscheint mir schwierig. Zu entnehmen ist, um damit zu beginnen, daß die Wahrheit der Kunst auch hier an die Erfüllung eines Versprechens gebunden ist, weshalb an der zitierten späteren Stelle die Möglichkeit, das Versprechen nicht erfüllen zu können, als Lüge der Kunst bezeichnet wird. Doch was verspricht die Kunst? Etwas, das nicht ist, aber weil es erscheint, möglich sein muß. Das Verb „erscheinen" hat hier größere Prägnanz, ist bedeutungshaltiger, als ihm an dieser Stelle anzumerken ist. Es hat die Bedeutung der „apparition". „Am nächsten kommt dem Kunstwerk als Erscheinung die apparition, die Himmelserscheinung", die mit der Epiphanie antiker Gottheiten in Vergleich gebracht wird. „Kunstwerke sind neutralisierte und dadurch qualitativ veränderte Epiphanien. Sollten die antiken Gottheiten an ihren Kultstätten flüchtig erscheinen oder wenigstens in der Vorzeit erschienen sein, so ist dies Erscheinen zum Gesetz der Permanenz von Kunstwerken geworden um den Preis der Leibhaftigkeit des Erscheinenden" (125).

Der Vergleichsbezug liegt offenbar in der Definition von Erscheinung als Wesen des Kunstwerks. „Zu Erscheinungen im prägnanten Verstande, denen eines Andern, werden Kunstwerke, wo der Akzent auf das Unwirkliche ihrer eigenen Wirklichkeit fällt" (123). Und die so definierte Erscheinung erhält den Charakter eines apparition- oder Epiphanie-Erlebnisses durch die zweifellos aus subjektiver Erfahrung erwachsene Feststellung des „Plötzlichen, Momentanen", eines „Gefühls des Überfallen-Werdens ... im Angesicht jedes bedeutenden Werks" (ebd.). Doch scheint der Zusammenhang der hier verbundenen Begriffe und Aussagen damit noch nicht geklärt zu sein. Setzen wir an mit dem Ausdruck „das Unwirkliche ihrer [der Kunstwerke] eigenen Wirklichkeit". Ist damit gemeint, daß Kunstwerke in sich selbst „wirkliche" Dinge, oder, um auch die Sprach- und Tonkunstwerke zu erfassen, Gebilde sind, aber als wirkliche, d.h. zeitlich und räumlich existierende, seiende, Unwirkliches, Nichtseiendes gestalten, „erscheinen" lassen? So formuliert wäre das keine neue Erkenntnis über die Seinsform des Kunstwerks. Aber die epiphanische Formulierung „Aufgang eines Nichtseienden, als ob es wäre" deutet auf einen anderen Sinn des Ausdrucks „das Unwirkliche ihrer eigenen Wirklichkeit" hin. Wenn durch beide Ausdrücke der Begriff Erscheinung, apparition als Wesen der Kunstwerke, der „Scheincharakter der Kunst" erklärt wird, so ist es vielleicht nicht ganz abwegig, hierin eine gewisse Verwandtschaft mit dem „sinnlichen Scheinen der Idee" Hegels und das „als ob es wäre" im Sinne der Hegelisch-Platonischen Wirklichkeit (und damit Wahrheit) der Idee (als eines Nichtseienden) aufzufassen.[70] Wie denn auch die epiphanische

---

[70] Darin unterscheidet sich die Wendung „als ob es wäre" von der Goethes „als sei es wirklich", die, eben orientiert an gegenständlicher Kunst, Täuschung von Wirklichsein meint. Im Sinne eines idealen Seins ist dagegen

Erscheinung eines Gottes als die „plötzlich" offenbarte Wirklichkeit des im realen Sinne Unwirklichen mythisch erlebt wird.

Wenn nun die Wahrheitsfrage der Kunst im Aufgang des Nichtseienden, als ob es wäre, ihren Anstoß erhält, wird es deutlicher, was es mit dem „Versprechen", an das diese Frage geknüpft ist, und damit auch mit der Wahrheit der Kunst, auf sich hat. Der Epiphanievergleich eben gibt darüber Aufschluß bzw. scheint ihn zu geben. Weil der Gott, der nicht ist, d.h. real ist, erscheint, birgt sein Erscheinen die Möglichkeit seines Realseins in sich, wird dies, so können wir wohl erläutern, von denen, die diese Erscheinung haben, so erlebt oder geglaubt. Die Epiphanie des Gottes „verspricht" sein Realsein, die „Wahrheit" seiner Existenz. Adornos Kunstphilosophie überträgt durch den Vergleich das mythisch-religiöse Phänomen auf die Kunst. Erscheinung, Versprechen möglichen Seins von Nichtseiendem, Wahrheit als Erfüllung dieses Versprechens, Lüge als Nichterfüllung — an dieser Übertragung ist meines Erachtens Kritik zu üben.

Die auf die Epiphanie eines Gottes zutreffenden Begriffe, primär der der Erscheinung, versagen am Phänomen der Kunst, an der Darbietungsform und dem Erlebnis eines Kunstwerks. Was in der Epiphanie „erscheint", erscheint als Sichtbarkeit, als die Gottheit, an die als Gottheit, an die als möglich erscheinende geglaubt wird und zwar deshalb, weil an sie als seiende geglaubt wird. Es handelt sich hier nicht um den „Aufgang eines Nichtseienden, als ob es wäre", weil im religiösen, sei es mythischen oder legendären Glaubensbereich die Kategorie eines Nichtseienden überhaupt keine Relevanz hat, ja Sinn und Wesen des Religiösen zunichte machen würde. Die religiöse Welt ist eine als seiende geglaubte Welt. Der ausdrückliche Vergleich mit der „Himmelserscheinung" (für die sogar auch ein Feuerwerk[71] zum Vergleich dient), verbietet es, Epiphanie im Sinne von James Joyce als bloße „geistige

---

die Wendung Adornos „als ob es wäre" zu verstehen, wie es denn schon zu Beginn der „Ästhetischen Theorie" heißt: „Kunstwerke begeben sich hinaus aus der empirischen Welt und bringen eine dieser entgegengesetzte eigenen Wesens hervor, so als ob auch diese ein Seiendes wäre" (10).

[71] „Prototypisch für die Kunstwerke ist das Phänomen des Feuerwerks ... Es ist apparition *kat'exochen*: empirisch Erscheinendes, befreit von der Last der Empirie als einer der Dauer, Himmelszeichen und hergestellt in eins, Menetekel, aufblitzende und vergehende Schrift, die doch nicht ihrer Bedeutung nach sich lesen läßt" (125). Ein Vergleich mit dem Kunstwerk, den man m.E. kaum anders als absurd, in jedem Sinne unstimmig bezeichnen muß.

Manifestation", in der sich plötzlich das Wesen eines Dinges zu erkennen geben kann,[72] zu verstehen. Für Adorno ist der Begriff des Nichtseienden zu konstitutionell, als daß Kunst und das Kunstwerk nur als geistige Manifestation beschrieben und dieser schon der Name Epiphanie, also in einem übertragenen Sinne, beigelegt werden könnte. Eben deshalb ist die Wahrheitsfrage mit der Kategorie des Nichtseienden als einem fiktiven Seienden verknüpft, weil auch Wahrheit nur dem Bereich des Nichtseins oder Nichtwirklichen zugeordnet wird, „wahr nur ist, was nicht in diese Welt paßt" (93).

Die in diesen Feststellungen zutage tretenden Zusammenhänge von Nichtsein, Erscheinung und Wahrheit dürften den Kern von Adornos Kunstauffassung oder Kunsterlebnis ausmachen. Für das Wahrheitsproblem der Kunst ergibt sich daraus, daß in dem Verhältnis von Nichtseiendem und Wahrheit nicht entschieden werden kann, ob Wahrheit in dem Nichtseienden, das das Dasein des Kunstwerks ist, fundiert ist oder ob die Wahrheit, die das Kunstwerk vermittelt, sein Wesenselement des Nichtseienden involviert. Aber gleichgültig, ob dies entschieden werden kann oder nicht: Was in der „Ästhetischen Theorie" als Wahrheit der Kunst aufgerufen wird, erhält keine andere Bestimmung als die in einem Verhältnis zum Nichtseienden gegründete. Wenn die Frage nach der Wahrheit der Kunst ihren Anstoß erhält im Aufgang des Nichtseienden, als ob es wäre, so erhält die Frage keine andere Antwort als diese, und das heißt, sie erhält keine Antwort.

Doch werden wir mit dieser Schlußfolgerung den vielfachen Aussagen über diese Wahrheit gerecht, die in der „Ästhetischen Theorie" auftreten? In dem Kapitel „Rätselcharakter, Wahrheitsgehalt, Metaphysik" unterliegt als zentrales Thema der „Wahrheitsgehalt" einer Reihe

---

[72] Diese Definition von Epiphanie findet sich in dem fragmentarischen Roman von Joyce „Stephen Hero" (hrsg. 1944, dt. „Stephen Daedalus", 1958, hier zitiert nach der Ausgabe der Fischer-Bücherei, 1963): „Unter Epiphanie verstand er eine plötzliche geistige Manifestation, sei es nun in der Vulgarität der Sprache oder Geste oder in einer denkwürdigen Phase des Geistes selbst ... Er sagte zu Cranly, die Uhr des Ballast Office sei einer Epiphanie fähig" (S. 153). Es ist die Erkenntnis des Dingseins eines Dings — "der Geist, der ein Objekt betrachtet, erkennt, daß das Objekt im wahren Sinn des Wortes ein Ding, eine definitiv konstituierte Entität ist" (S. 154) — die als Epiphanie des Dinges erlebt wird. „Seine Seele, seine Weisheit kommt aus dem Kleid seiner äußeren Erscheinung auf uns zu. Die Seele des gewöhnlichsten Objekts, dessen Struktur so bestimmt wird, scheint uns zu strahlen. Das Objekt vollendet seine Epiphanie" (ebd.).

von Aussagen, doch keinen weiteren Bestimmungen (oder gar aus Kunstwerken gewonnenen Analysen). Es treten, genauer gesagt, höchstens negative Bestimmungen auf, die gerade die Setzung bzw. Voraussetzung des Wahrheitsgehalts als solchen unberührt lassen. Die Kunstwerke, heißt es, „haben den Wahrheitsgehalt und haben ihn nicht" (194). Dies wird damit begründet, daß sie das, „was objektiv in ihnen gewollt ist, nicht erreichen" (ebd.). Wobei ausdrücklich abgelehnt wird, daß im Sinne der idealistischen Philosophie die Idee der Wahrheitsgehalt sei. Es gibt nur den Hinweis, daß „Kunstwerke existieren, in denen der Künstler, was er wollte, rein und schlackenlos herausbrachte, während das Resultat zu mehr nicht geriet als zum Zeichen dessen, was er sagen wollte, und dadurch verarmt zur verschlüsselten Allegorie (194 f.). Dies meint also nicht gelungene Kunstwerke, was aber wiederum, nach Adornos eigener Bestimmung, daß „der Begriff eines schlechten Kunstwerks ... seinen Begriff verfehlt" (246), eine contradictio in adjecto in bezug auf den Begriff des Kunstwerks ist. Abgesehen davon aber ist zu fragen, ob und wieweit überhaupt über die Intention des Künstlers entschieden werden kann. Dies ist bereits die Aufgabe der Interpretation, und es ist, so scheint uns, nicht ersichtlich, wie sich nach Adornos Bestimmung von „Interpretation als ... Herstellung ihres (der Werke) Wahrheitsgehalts" (194) diese von der Interpretation der Intention trennen läßt. Dies scheint auch Adorno nicht „kommensurabel" zu sein. Denn um die „Differenz von Wahrheit und Intention" deutlicher zu machen, setzt er den Fall, daß „die Intention ihrerseits dem Unwahren ... gilt", so daß diese Differenz „dem kritischen Bewußtsein kommensurabel wird" (195). Doch wenn Intention dem Unwahren gelten kann, wäre im Grunde zugestanden, daß sie auch dem Wahren gelten und damit eine *Differenz* von Intention und Wahrheit nicht in Erscheinung treten kann.

Aber in dieser schwierigen und durch parataktische Aussagen besonders verwirrenden Passage gibt der Begriff des Unwahren einen gewissen Anhalt. In ihm ist etwas von der „Kritischen Theorie" der Frankfurter Schule enthalten und läßt den gesellschaftskritischen Aspekt durchschimmern, der nun aber nicht Adornos Begriff der ästhetischen Wahrheit erhellt, sondern eher irritierend auf ihn einwirkt. Was wird als Unwahres der Kunstwerke bezeichnet? Im Zusammenhang der zur Rede stehenden Stelle „jene ewigen Wahrheiten ..., in denen bloß der Mythos sich wiederholt" (195). Aber deutlicher wird der Begriff in einem viel späteren Zusammenhang, nicht zufällig in dem Kapitel

„Gesellschaft" und nicht zufällig auch an einem konkreten Beispiel, an Adalbert Stifter, als einem „Modell des Wahrheitsgehalts eines in seinen Intentionen durchaus ideologischen oeuvres" (346). Es sei dabei dahingestellt, ob „die konservativ-restaurativen Stoffe ... die objektivistische Formgebarung, die mikrologisch-zarte Empirie" als Ausdruck bürgerlicher *Ideologie* bezeichnet werden kann — Adorno faßt zusammen, was auch die neuere Stifterforschung gegen die biedermeierliche Auffassung seines Werkes (als Prototyp des Hegens und Pflegens) erkannt hat: die „Flucht in die Zuständlichkeit der Dinge und Formen" aus „Furcht vor dem Wandelbaren der Zeit und Realität"[73], oder auch als Bannung existentieller Angst[74]. Adorno trifft den im Spätwerk nahezu formelhaft erstarrten Stil der Stifterschen Prosa als „gleichsam zur Graphik reduziert durch den Ausschluß des Störenden und Ungebärdigen einer sozialen Realität, die mit der Gesinnung des Dichters ... unvereinbar ist" (346). Doch ist es bedenklich, einen in diesem Stil verborgenen oder auch „erscheinenden" Wahrheitsgehalt, und zwar einen „unideologischen Wahrheitsgehalt" (ebd.) festzustellen, wo letztlich die *Deutung* dieses Stils statthat. Sie ist enthalten in der eingeführten soziologischen Komponente, „Diskrepanz der Form und der bereits kapitalistischen Gesellschaft" (der „der Wille dieser Prosa" ausweicht), damit verknüpft „das verschwiegene und verleugnete Leid des entfremdeten Subjekts" (ebd.), so daß „Affirmation zur Chiffre der Verzweiflung" wird. Die Welt des „Nachsommer" vor Augen, der wohl vor allem das Muster für die „ideologische, dem Werke mittelbar seinen unideologischen Wahrheitsgehalt leihende Überspannung" (ebd.) ist, wird es kaum gelingen, die Affirmation, also die gewiß „outrierte" Darstellung der Ordnungs- und Schönheitswelt als Chiffre der Verzweiflung des seiner zeitgenössischen Gesellschaft entfremdeten Subjekts zu lesen. Da es auch andere Erklärungen oder Deutungen des Stils und Inhalts von Stifters Prosa gibt, Flucht aus dem Wandel der Zeit in die Dinge, Bannung existentieller Angst, ist es mißlich, die gesellschaftskritische Deutung als Aufdeckung des der Intention zuwiderlaufenden Wahrheitsgehalts zu konstatieren. — Stifter wird in einem etwas späteren Zusammenhang des Kapitels „Gesellschaft" nicht mehr erwähnt, in dem es sich um das Verhältnis eines „gesellschaftlich falschen Bewußtseins" zum Wahr-

---

[73] F. Martini, Deutsche Literatur im bürgerlichen Realismus. Stuttgart 1962, S. 505.
[74] Dazu E. Lunding, Adalbert Stifter. Kopenhagen 1946. S. 63 f. u. passim.

heitsgehalt handelt. „Kein Kunstwerk ... kann gesellschaftlich wahr sein, das nicht wahr auch bei sich selbst wäre; so wenig mehr, umgekehrt, gesellschaftlich falsches Bewußtsein zum ästhetisch Authentischen werden kann" (365). Dafür wird hier Stefan George als Beispiel zitiert. Aber auch Stifters Stil-und Gehaltsproblem war auf ein gesellschaftlich falsches Bewußtsein sc. die ideologische Intention zurückgeführt und ihm dennoch ja gerade dadurch ästhetische Authentizität zugebilligt worden, „die authentische Qualität, die Nietzsche bewunderte" (346).

Ist es die Unbestimmtheit, ja die Inkommensurabilität der Begriffe Wahrheit und Wahrheitsgehalt der Kunst, die in der „Ästhetischen Theorie" zu widersprüchlichen Aussagen führen? Derart daß in dem Kapitel „Gesellschaft" gesagt wird: „Noch in Kunstwerken, die bis ins Innerste mit Ideologie versetzt sind, vermag der Wahrheitsgehalt sich zu behaupten" (345, mit dem Stifter-Modell als Beweis), und in dem Abschnitt „Paralipomena": „Was gesellschaftlich unwahr, brüchig, ideologisch ist, teilt sich dem Bau der Kunstwerke mit" (420). Eine frühere Stelle erscheint fast als Synthese aus diesen antithetischen Aussagen: „Manche Kunstwerke sehr hohen Ranges sind wahr als Ausdruck eines an sich falschen Bewußtseins", wobei der „Wahrheitsgehalt" eben „die vollkommene Darstellung falschen Bewußtseins" ist (196).[75]

Gehen wir zurück zu der epiphanischen Ursprungssetzung der Kunstwahrheit „im Aufgang eines Nichtseienden, als ob es wäre", so erscheint der gesellschaftliche Maßstab, der an den Wahrheitsgehalt eines Werkes gelegt wird, nicht angemessen zu sein. Doch wird nun gerade im Anschluß an die bei Stifter herausgelesene „verzweifelte Affirmation" die epiphanische Formel aufgerufen, „die Erscheinung des affirmativen ineffabile, des Aufgangs eines Nichtseienden, als ob es

---

[75] Es heißt hier weiter: „Darum entfalten sich die Werke, außer durch Interpretation und Kritik, auch durch Rettung: sie zielt auf die Wahrheit falschen Bewußtseins in der ästhetischen Erscheinung. Große Kunstwerke können nicht lügen. Noch wo ihr Gehalt Schein ist, hat er als notwendiger eine Wahrheit, für welche die Kunstwerke zeugen; unwahr sind nur die mißlungenen" (196). Daraus wäre im Grunde abzuleiten, daß es bei großen Kunstwerken auf falsches oder richtiges Bewußtsein nicht ankommt, sondern nur auf „vollkommene Darstellung". Aber nicht nur gerät der eingesetzte Wahrheitsbegriff, der einmal auf das Bewußtsein, ein andermal auf die Darstellung bezogen wird, ins Verschwimmen. Auch das Kriterium für das, was große Kunstwerke als große erkennbar macht, bleibt undeutlich.

doch wäre" (347). Nicht mehr Stifter selbst, als noch nicht vollendetem dialektischen Beispiel wird der „Glanz" dieser Erscheinung zugeschrieben, sondern modernen Kunstwerken (und es ist zu vermuten, daß Adorno vornehmlich Beckett und Kafka im Sinne hat, auf die auch sonst vielfach hingewiesen wird), wenn es heißt: „Der Glanz, den heute die alle Affirmation tabuierenden Kunstwerke ausstrahlen, ist die Erscheinung des affirmativen ineffabile, des Aufgangs des Nichtseienden, als ob es doch wäre" (ebd.). Ohne Hinweis auf Werke oder Autoren bleibt im Dunkeln, was „das affirmative ineffabile (Unaussprechliche) meint, und ist offenbar nur dahin auszulegen, daß gegen die nicht-affirmative, nämlich „alle Affirmation tabuierende" Intention ein unausgesprochen bzw. unaussprechbar Bejahtes aufscheint, wie umgekehrt bei Stifter, in Adornos Deutung, das intendierte Bejahte durch Stil und Gehalt verneint wird. Da jegliche Namensnennungen fehlen, kann nur aus Andeutungen der folgenden Sätze erschlossen oder besser erraten werden, daß die intendierte Nichtaffirmation moderner Kunstwerke sich auf eine gesellschaftliche Realität, „ihre Stellung zum Seienden als der Gesellschaft" (347) bezieht, im „Aufgang des Nichtseienden" der „affirmative Rest" erscheint. Dieser wird nun in den modernen Kunstwerken nicht wie bei Stifter zur Chiffre der Verzweiflung, sondern als Aufgang des Nichtseienden, als ob es wäre, Versprechen. „Sein Anspruch zu sein, erlischt im ästhetischen Schein, was nicht ist, wird jedoch dadurch, daß es erscheint, versprochen" (ebd.), wie es auch bereits an der früheren Stelle (193) ausgesprochen war.

Es resultiert aus diesen Sätzen, daß als Wahrheit des Kunstwerks das bezeichnet wird, was nicht unmittelbar als seine Intention erkennbar ist, sondern erst durch ein „Hinterfragen" (wie man im derzeitigen Jargon sagen würde) aufgedeckt wird oder, nach Adornos Kunsterfahrung, sich epiphanisch offenbart. Es gehört zu dieser Erfahrung, daß eben die Wahrheit, der Wahrheitsgehalt der Kunstwerke, ihr „Rätsel" ausmacht: „In oberster Instanz sind die Kunstwerke rätselhaft nicht ihrer Komposition, sondern ihrem Wahrheitsgehalt nach" derart, daß auf die Frage „Ist es denn wahr?, die nach dem Absoluten ... jedes Kunstwerk dadurch reagiert, daß es der Form der diskursiven Antwort sich entzieht" (192). Freilich ist es nicht immer einsichtig, wie sich mit dem Rätselcharakter die verschiedenen Wahrheitsbenennungen vertragen. Wenn er sich zu der epiphanischen Wahrheitserscheinung oder dem affirmativen ineffabile fügen mag, so doch weniger zu der gesellschaftlich oder geschichtlich fundierten Wahrheit, die Kunstwerke enthalten müssen. Wenn es im Kapitel „Zur Theorie des Kunstwerks" heißt: „Der Wahrheitsgehalt der Kunstwerke, von dem ihr Rang schließlich abhängt, ist bis ins Innerste geschichtlich... Geschichtlich wird der Wahrheitsgehalt dadurch, daß im Werk richtiges Bewußtsein sich objektiviert (285), so ist dies kein rätselhafter sondern nachprüfbarer Wahrheitsgehalt, und dazu ein solcher, der zu dem Credo „Wahr ist nur, was nicht in diese Welt paßt" in einem gewissen Widerspruch zu stehen scheint. Wie denn sowohl geschichtlich bedingte Relativität der Kunstwerke festgestellt wird wie auch ihre diese überstehende Dauerhaftigkeit. „Entschlüge sich Kunst der einmal durchschauten Illusion des Dauerns, ... so wäre das einer Konzeption von Wahrheit gemäß, welche diese nicht als abstrakt beharrend supponiert, sondern ihres Zeitkerns sich bewußt bleibt" (50). Doch wird solche Relativität eben „dialektisch" aufgehoben, soweit ich verstehe durch den Gedanken, daß auch vergangene Wahrheit noch als Wahrheit erkannt werden kann. Das ist so ausgedrückt: „Was einmal in einem Kunstwerk wahr gewesen ist und durch den Gang der Geschichte dementiert wird, vermag erst dann wieder sich zu öffnen, wenn die Bedingungen verändert sind, um deretwillen jene Wahrheit kassiert werden mußte. So tief sind ästhetisch Wahrheitsgehalt und Geschichte ineinander" (67). Wobei es sich um die Wiederentdeckung, die „Renaissance" vergessener oder zu bestimmten Zeiten nicht mehr hoch im Range stehender Werke handelt, für die „Greco, Turner, Büchner allbekannte Exempel sind" (ebd.).

Wir haben versucht, den Begriff der Kunstwahrheit, wie er in den Ästhetiken bedeutender deutscher Philosophen als eine zentrale ästhetische Kategorie eingesetzt wird, seinem Sinn und seiner Anwendung nach herauszuarbeiten. Zusammenfassend sind dazu noch einige Überlegungen anzustellen. Bei Hegel wird die Definition von Wahrheit als einer Ideenkonstellation ausschließlich im philosophischen Bereich vorgenommen und findet keine rechte Anwendung mehr in der praktischen Kunstbetrachtung. In Heideggers Kunstphilosophie dient ein bestimmt definierter, ontologisch fundierter Wahrheitsbegriff zur Bezeichnung eines bestimmten, von dem Philosophen herausgelesenen Bedeutungsgehalts am Beispiel eines Gemäldes und wird zum Geschehnis der Wahrheit am Kunstwerk verallgemeinert. Adornos Ästhetik weist dagegen das Phänomen auf, daß Wahrheit zwar als die die Kunst tragende, sie rechtfertigende Kategorie behauptet wird, aber jeglicher begrifflichen

Bestimmung entbehrt. Die Worte Wahrheit, Wahrheitsgehalt, Wahrheitsanspruch der Kunst oder der Kunstwerke durchziehen diese „ästhetische Theorie" in einem Ton tief gegründeter Überzeugung, gewissermaßen als Ausdruck, als Benennung des Erlebnisses großer Kunst, wie es etwa in dem Satz „Ein Kunstwerk begreift einzig, wer es als Komplexion von Wahrheit begreift" (391) zum Ausdruck kommt. Der Einwand oder Vorwurf könnte erhoben werden, daß damit die variierenden Gesichtspunkte, unter denen der oder ein Wahrheitsgehalt von Kunst berufen wird, die „Komplexion" der Kunstwahrheit unzulässig simplifiziert werde. Doch mag gerade aus dem Versuch, die wichtigsten Gesichtspunkte aufzuzeigen, hervorgegangen sein, daß überall der Begriff Wahrheit selbst absolut bleibt, gewissermaßen mit sich selbst identisch, als philosophischer Begriff an sich. In der Tat ist für Adorno denn auch, wie bereits zitiert, Wahrheit das, was Kunst in den Bereich der Philosophie versetzt. „Philosophie und Kunst konvergieren in deren Wahrheitsgehalt: die fortschreitend sich entfaltende Wahrheit des Kunstwerks ist keine andere als die des philosophischen Begriffs" (d.i. des Begriffes Wahrheit) (197). Die Reduktion des Kunstwerks auf den Begriff Wahrheit wird in diesem Zusammenhang so formuliert: „Der Wahrheitsgehalt der Werke ist nicht, was sie bedeuten, sondern was darüber entscheidet, ob das Werk an sich wahr oder falsch ist, und erst diese Wahrheit des Werkes an sich ist der philosophischen Interpretation kommensurabel und koinzidiert, der Idee nach jedenfalls, mit der philosophischen Wahrheit" (ebd.). Es sind diese Sätze, die das die „Ästhetische Theorie" durchziehende, in sich verschlossene, letztlich entgegen seinem Begriffssinn rätselhafte Wort Wahrheit fixieren. Ungeklärt bleibt Begriff und Sinn der philosophischen Wahrheit und fügt sich nicht recht zu dem geschichtlich-gesellschaftlich bedingten Wahrheitsgehalt, von dem, wie zitiert, der Rang der Kunstwerke abhängt. Die nahezu tautologische Aussage, daß der Wahrheitsgehalt der Werke über ihr Wahr- oder Falschsein an sich entscheidet, entläßt den Begriff Wahrheit in das Offene des Nichtfaßbaren, ja Sinnentleerten. In der Ästhetik Adornos erweist sich Wahrheit als ein zwar heuristischer, aber leerer Begriff. Und wenn wir zu sagen wagen, daß er sich eben durch diese Ästhetik als ein solcher erweist, so ist damit etwas Prinzipielles über die Anwendbarkeit der Wahrheitskategorie im Gebiete der Kunst gemeint.

Doch das hier und an anderen Stellen unserer Überlegungen Angedeutete kann völlig durchgedacht und aufgezeigt erst werden, wenn die

Rolle der Wahrheitskategorie in *dem* Kunstbereich geprüft worden ist, wo ihre „Komplexion" besonders dicht, mehrschichtig und problematisch ist, im Bereich der Dichtung.

Das Wahrheitsproblem in der Dichtung

Sonderstellung der „dichterischen Wahrheit"

In bezug auf das Problem der ästhetischen oder Kunst-Wahrheit ist in den Kunstphilosophien die Dichtung, die Literatur in den Bereich und den Begriff der Kunst eingeschlossen, und sofern die Theorien der ästhetischen Wahrheit durch Hinweise oder Analysen gestützt werden sollten, sind diese allen Künsten entnommen. Doch nicht zufällig boten sich dafür die bildenden Künste und die Dichtung leichter an als die Musik. Noch weniger zufällig ist es, daß von den bildenden Künsten vor allem die Malerei und von den literarischen in erster Linie die erzählende Dichtung solche Beispiele bereitstellten. Doch ist diese Wahl und Auswahl stets sozusagen unwillkürlich vorgenommen worden. Die Frage nach einer möglichen Differenzierung der Kunstwahrheit und gar ihrer Gründe wurde nicht reflektiert, beruhend darauf, daß in den Kunstphilosophien die Begriffe Kunst sowohl als Wahrheit mehr oder weniger absolut gesetzt worden sind.

Aber wiederum nicht zufällig hat sich auf mannigfache Weise das Wahrheitsproblem der Dichtung von dem allgemeinen der Kunstwahrheit abgesondert. Es sind vornehmlich Schriftsteller, Dichter, die sich die Wahrheitsfrage stellten bzw. sich zur Wahrheit der Dichtung bekannten, und gerade die neuere Literaturtheorie diskutiert das Wahrheitsproblem unter den verschiedensten Gesichtspunkten. Daß dies seine guten Gründe hat, liegt auf der Hand. Das Wahrheitsproblem der Kunst ist empfindlicher, wenn das Medium der Kunst die Sprache ist. Gewiß, das Bewußtsein dieses Umstandes erscheint in den Äußerungen der Dichter und Literaten nicht unmittelbar. Aber wenn etwa Schiller von der „tiefliegenden Wahrheit" spricht, „worin eigentlich alles Poetische liegt"[76], ähnlich Herder „innere, mit sich selbst bestehende Wahrheit die einzige und höchste Poesie" nennt[77], Thomas Mann sein Tun mit den Worten beschreibt „Man erzählt Geschichten und formt die

---

[76] An Goethe 4.4.1797.
[77] Herder-Nachlaß in Tübingen. Zit. nach W. Kayser, Die Wahrheit der Dichter. Berlin 1956, S. 83.

Wahrheit"[78], der Essayist Sig. Burckhardt äußert „Des Dichters Bestimmung ist, Wahres auszusagen — Wahres, das sich den Begrenzungen der begrifflichen Umgangssprache entzieht"[79] oder Günter Kunert die „Lust am Aussprechen der Wahrheit" bekennt und „das Gelingen jedes Werkes" davon abhängig sieht[80] — so liegt diesen Äußerungen von Dichtern und Literaten ein Wissen von dem Zusammenhang der Wahrheitsintention ihrer Werke mit deren Sprachlichkeit zugrunde. — Aber solche Bekenntnisse und Äußerungen sind höchstens vage und keineswegs beweiskräftige Symptome. Denn in ihnen ist naturgemäß nicht darauf reflektiert, ob oder in welcher Weise sich die „dichterische Wahrheit" von einer allgemeinen „künstlerischen" oder gar von einer malerischen oder musikalischen Wahrheit unterscheiden könnte. Wie denn zweifellos die zitierten Schriftsteller ihre Wahrheitsbekenntnisse unwillkürlich an ihrer eigenen Dichtungsgattung orientieren.

Aber Wahrheit der Dichtung, „dichterische Wahrheit", dieser gern und leicht gehandhabte Ausdruck, kann erst geprüft werden, wenn das kpmplexe Phänomen Dichtung selbst näher ins Auge gefaßt ist. Sagten wir, das Wahrheitsproblem der Kunst sei empfindlicher, wenn nicht Stein, Farbe oder Ton sondern das Wort, die Sprache ihr Medium ist, so ist damit nur eine notwendige, aber keineswegs hinreichende Bedingung der Problematik angegeben. Gewiß, der Zusammenhang des Wahrheitsbegriffs mit der sprachlichen Struktur, der Aussage, dem Satz verführt zur Erörterung der dichterischen Wahrheit auf dieser Basis; die Versuche, die in dieser Hinsicht unternommen worden sind, werden geprüft werden. Doch ist nun eben damit, daß die literarischen Werke aus Wörtern und Sätzen bestehen, das Phänomen Dichtung keineswegs erfaßt, und etwa die zitierten Äußerungen zur Wahrheit der Dichtung beziehen sich nicht auf diesen Umstand d.h. nicht auf das Material, aus dem eine epische, dramatische, lyrische Dichtung besteht. Wenn es aber, nahezu dialektischerweise, dennoch auf diesem Material beruht,

---

[78] Schlußworte des „Versuch über Tschechow" (1954): „Und man arbeitet dennoch, erzählt Geschichten und formt die Wahrheit in der dunklen Hoffnung, fast in der Zuversicht, daß Wahrheit und heitere Form wohl seelisch befreiend wirken und die Welt auf ein besseres, schöneres, dem Geiste gerechteres Leben vorbereiten könne" (In: Thomas Mann, Nachlese. Frankfurt a.M. 1956. S. 56).

[79] Zit. nach M. Hamburger, Truth of poetry, dt. Die Dialektik der modernen Lyrik. München 1972, S. 57.

[80] G. Kunert, Offener Brief aus Ost-Berlin (Die Zeit, 5.8.1977).

daß die Wahrheitsfrage an die Dichtung besonders legitim zu sein scheint und sich natürlicher einstellt als im Bereich der anderen Künste, so ist dies freilich nicht durch die Wörter und Sätze als solche bewirkt, sondern durch die besondere Funktion, die das sprachliche Material erhält, wenn es Dichtung hervorbringt.

Dichtung, der hier noch allgemein eingesetzte Begriff, der im Deutschen als Kollektivbegriff für die literarischen Gattungen, die epische, dramatische und lyrische, im Gebrauch ist, kann jedoch in bezug auf unser Problem nicht so allgemein, kollektiv und undifferenziert angewendet werden. Zwei aus der Anzahl ähnlicher herausgegriffene Äußerungen zeitgenössischer deutscher Schriftsteller und Literaturkritiker geben einen Hinweis auf die hier zugrundeliegenden, aber in den Wahrheitsnennungen nicht reflektierten Verhältnisse. In der Feststellung Wolfgang Hildesheimers „Die Funktion der Literatur ist ja, nicht Wahrheit zu Fiktion, sondern Fiktion zu Wahrheit zu machen"[81], besagt Wahrheit zweifellos nicht dasselbe wie wenn Rudolf Hartung einem Gedicht Rilkes Wahrheit abspricht bzw. es mit dem Makel „triefender Unwahrheit" versieht[82]. Daß sie nicht dasselbe meint und benennt, hat zweifellos damit zu tun, daß verschiedene Dichtungsgattungen im Blickfeld dieser Literaturkritiker stehen, bei Hildesheimer die fiktionale, bei Hartung die lyrische. Wir werden bei der Prüfung der aus verschiedensten Epochen stammenden Auffassungen und Theorien sehen, daß der Bezug von Wahrheit auf die fiktionale Dichtung, dramatische und epische, weitaus häufiger ist als auf die Lyrik, ja letzlich die erzählende Dichtung überhaupt im Brennpunkt dieser Problem- und Fragestellungen steht. Die Erörterung der verschiedenen Theorien oder Bestimmungen der Dichtungswahrheit wird sich daher hauptsächlich und ebenso unwillkürlich mit erzählender Literatur zu befassen haben wie es diese Theorien selbst tun. Denn auch hier erweist sich der jeweils angewandte Wahrheitsbegriff in bezug auf die Gattungsunterschiede undifferenziert und damit unreflektiert — mit Ausnahme der auf den Erzählakt selbst bezogenen grammatisch-semantisch orientierten Theorien.

---

[81] W. Hildesheimer, The End of Fiction (Merkur, 30. Jahrg. (Jan. 1976), H. l, S. 62).
[82] Siehe dazu Fußnote 136.

Das fiktionale Wahrheitsproblem

Wir knüpfen an die prägnant antithetische Formulierung W. Hildesheimers an, es sei die Funktion der Literatur, nicht Wahrheit zu Fiktion, sondern Fiktion zu Wahrheit zu machen, und bedenken zunächst den ersten Teil dieser Feststellung. Der Autor von Erzählungen und Hörspielen, d.i. fiktionaler Dichtung, setzt naturgemäß eben dieses Gebiet in ein Verhältnis, und zwar ein Gegensatzverhältnis zu Wahrheit. Als Gegensatz zu Fiktion, im Sinne der literarischen Fiktion, enthält dieser Wahrheitsbegriff den Sinn von Wirklichkeit, besagt er Wahrheit der Wirklichkeit. Es ist das Verhältnis von Dichtung und Wirklichkeit, das ex- oder implizite den dichtungstheoretischen Betrachtungen immer zugrundeliegt und in großem Umfang die Diskussion der dichterischen Wahrheit bestimmt hat. Nicht zufällig hat sich die Begriffsbildung Dichtung und Wirklichkeit an der fiktionalen Dichtung orientiert und die Lyrik nicht in sie einbezogen. Denn in ihr ist die Kategorie der Fiktivität nicht vorhanden. Nur Fiktion und Wirklichkeit bildet einen legitimen Gegensatz. Wobei betont sei, daß Wirklichkeit hier ausschließlich als die deutschsprachige Entsprechung von Realität verstanden wird und die gern geübte Übertragung des Begriffes Wirklichkeit (aus guten Gründen nicht von Realität) auf die fiktive Welt des Romans und Dramas als „dichterische Wirklichkeit" außer Betracht bleibt. Ebenso ist hier zu fixieren, daß Wirklichkeit oder Realität nicht als erkenntnistheoretisches Problem aufzufassen ist, sondern nichts als die natürliche und geschichtlich-gesellschaftliche, als solche raumzeitliche Wirklichkeit des menschlichen Lebens meint, im Gegensatz zu dem was wir als die dargestellte Welt fiktionaler Dichtungen erleben.

In der Ablehnung Hildesheimers, Wahrheit zu Fiktion zu machen, ist, wie gesagt, Wahrheit als die Wahrheit von Wirklichkeit gedacht und die Formulierung im Sinne einer nicht- oder antirealistischen Kunstauffassung zu verstehen. Es ist nicht zu leugnen, daß Wahrheit in nahezu mit Wirklichkeit identischer Bedeutung den auf die Dichtung als Fiktion angewandten Wahrheitsbegriff gesteuert hat. Eine Vorstellung von Lebenswirklichkeit wird mit Lebenswahrheit gleichgesetzt. Ähnlich wie Schiller unter dem Eindruck von Homers Schilderung „auch der niedrigen und häßlichen Natur" Wahrheit (statt Schönheit) als ästhetisch-poetologischer Begriff anerkannt wissen wollte, hat in unserer Zeit Aldous Huxley Homers Wahrheit als „ganze Wahrheit" gerühmt, deshalb weil Odysseus und seine Leute sich erst zum Nachtmahl setzen und danach den Tod der durch die Scylla Umgekommenen beweinen, oder die Wahrheit Fieldings im „Tom Jones", wenn der Wirt, der die reizende Sophie Western vom Pferd hebt, dabei hinfällt und sie kopfüber — anstößige Situation — mitreißt. Diese „ganze Wahrheit", d.i. Lebenswahrheit, die Wahrheit der Wirklichkeit konfrontiert Huxley mit der nur „partiellen Wahrheit" der Tragödie, die solche Details und Zufälle des Lebens nicht aufnehmen kann, und sieht aus diesem Grunde ihr Ende gekommen.[83]

Es ist ja nun keine neue Erkenntnis, daß der Roman, den Hegel die Epopöe der zur Prosa geordneten Wirklichkeit genannt hat (freilich im Unterschied zum alten Epos), die „Lebenswirklichkeit" totaler darstellen kann als das Drama, wie auch einst Thomas Mann im „Versuch über das Theater" (1908), ihm den Vorzug vor dem Drama gab, weil er dieses „an Wirklichkeit übertrifft". Wir brauchen hier den Huxleyschen Begriff der „ganzen Wahrheit" nicht zu diskutieren, ihm etwa entgegenzuhalten, daß dieser als auf Lebenswirklichkeit bezogener niemals, im noch so realistischen Sinn von „dargestellter Wirklichkeit" erfüllt werden kann. Es kommt hier nur darauf an, die plane Wirklichkeitsbezogenheit dieses ästhetischen Wahrheitsbegriffs zu kennzeichnen, den selbst ein Denker wie Nicolai Hartmann in seiner „Ästhetik" (1953) einsetzt.

Hartmanns Auffassung ist besonders aufschlußreich, weil sie ad oculos demonstriert, wie sehr ein als Lebenswahrheit definierter Wahrheitsbegriff das Wesen des Kunstwerks überhaupt verfehlen kann. Es ist in der Tat erstaunlich, daß eine im Zeitalter der Kunst- und Literaturmoderne geschriebene Ästhetik den „Wahrheitsanspruch in der Dichtkunst" durch „eine Verpflichtung der Kunst gegen die reale Natur und das reale Menschenleben" bestimmen kann[84]. Freilich ist sich der Philosoph nicht ganz einig, was unter Lebenswahrheit, die nicht etwa „Tatsachenwahrheit" meint, zu verstehen sei. Aber wenn er „Shakespeares historischen Stoff und Gestalten" deshalb „lebenswahr" nennt, „weil der Dichter aus der Anschauung des eigenen umgebenden Lebens schöpft"[85], aber „auch die hilfreichen Tauben Aschenbrödels lebens-

---

[83] A. Huxley, Tragedy and the whole Truth. Zit. nach W. Kayser, a.a.O., S. 148f.
[84] N. Hartmann, Ästhetik. Berlin 1953, S. 283.
[85] Ebd., S. 286.

wahr findet, „weil sie ihr die empfangene Liebe vergelten" (!)[86], so sind diese Beispiele allerdings ein Beleg für die hilflose Willkürlichkeit dieses Begriffs. Lebenswahrheit wird den Märchentauben zugesprochen, aberkannt aber den „verzeichneten" Dramengestalten des frühen Schiller, Franz und Karl Moor, Fiesco, Wurm etc., und als ersichtlich fehlerhaftes Resultat „mangelnder Lebenswahrheit" durch „mangelnde Anschauungskraft" werden nichts Geringeres als „Faust II" und die „Wanderjahre" genannt.[87]

Es mag in seiner Ontologie, als Wissenschaft vom „Seienden als Seiendes" und ihrer im „natürlichen Realismus" wurzelnden Grundlage begründet sein, daß Hartmann einen realistisch fundierten Begriff von Lebenswahrheit zum Kriterium des künstlerischen Ranges von Dichtung macht.[88] Aber was einem Dichtungstheoretiker wie etwa Chr. G. Gottsched zugestanden werden kann, stellt im 20. Jahrhundert einen Anachronismus der Kunstauffassung dar.

Ein Blick zurück auf Gottsched ist in diesem Zusammenhang gerade in begriffskritischer Hinsicht nicht uninteressant und vermittelt überdies einen Einblick in die entwicklungsgeschichtliche Situation des an der Wirklichkeit orientierten fiktionalen Wahrheitsbegriffs. — Obwohl in dieser Epoche ein Ausdruck wie Lebenswahrheit noch nicht aufgetreten ist und deshalb von einer vorziehenden Wahl der Begriffe nicht gesprochen werden kann, so scheint aus heutiger Sicht der damals zur Verfügung stehende Begriff Wahrscheinlichkeit das Verhältnis von Dichtung und Wirklichkeit zutreffender und vorsichtiger zu bestimmen als der der Lebenswahrheit oder der Wahrheit überhaupt. Wahrscheinlichkeit hat hier noch den Sinn von verisimilitudine, wie er vor allem in der Einheitentheorie der Dramenpoetik der Renaissance verstanden wurde. „Ich verstehe nämlich durch die poetische Wahrscheinlichkeit nichts anders,

---

[86] Ebd.

[87] Ebd., S. 301. — Auf dem Gebiet der bildenden Kunst fallen die „archaischen griechischen Götter" ebenso wie die gotische Plastik unter das Verdikt der Lebensunwahrheit, und damit wird auch ihnen abgesprochen, Kunst zu sein.

[88] Der amerikanische Philosoph John Hospers hat in seinem Buch „Meaning and Truth in the Arts" (1946) in differenzierterer Erörterung des ästhetischen Wahrheitsbegriffs einen als „truth-to-life" (statt „about life") bezeichneten Begriff aufgestellt, der gleichfalls auf realistischer Kunstauffassung beruht. Dazu Näheres s. unten S. 142.

als die Ähnlichkeit des Erdichteten mit dem, was wirklich zu geschehen pflegt; oder die Übereinstimmung der Fabel mit der Natur."[89] Gewiß ist Gottscheds Dichtungsauffassung dem Realismus des Rationalismus gemäß. Aber bemerkenswert ist die Erweiterung, die er dem Begriff der poetischen Wahrscheinlichkeit gibt und die nahezu die Forderung der Wirklichkeitsähnlichkeit wieder aufhebt. Er läßt neben der „unbedingten" dieser Forderung entsprechenden auch eine „bedingte" Wahrscheinlichkeit zu, die nicht mehr dem zu gehorchen braucht, was wirklich zu geschehen pflegt, und rettet dadurch die Dichtungen, die nicht im Bereich der menschlichen Welt spielen, die Tierfabel und die Homerische Götterwelt. Er rettet sie, indem er die Bewußtseinsstufe seiner eigenen Zeit verläßt: im Falle der Fabel, und zwar am biblischen Beispiel der Bäume, die sich einen König wählen (Buch der Richter, Jothams Fabel, 9, 7–15) akzeptiert er hypothetisch die Fabelwelt „als eine andere Welt — „denn man darf nur die einzige Bedingung zum voraus setzen, daß die Bäume etwa in einer anderen Welt Verstand und eine Sprache haben: so geht alles übrige sehr wohl an"[90] —, während er im Falle der Homerischen Mythologie die historische Dimension des griechischen Götterglaubens heranzieht: „Was uns also heute zu Tage sehr unwahrscheinlich vorkömmt, das konnte damals dem Volk sehr wahrscheinlich klingen."[91] Gottsched gibt also nicht den Begriff der Wahrscheinlichkeit auf, aber er erweitert den Begriff der Wirklichkeit, auf den sie sich bezieht. Doch eben indem er diesen erweitert, die Fabel und die Götterwelt in ihn einbezieht, entzieht er ihm gerade das Moment, das die poetische Wahrscheinlichkeit konstituiert, das der Ähnlichkeit mit dem Wirklichen. D.h. er statuiert eine Wirklichkeit, die nicht mehr im Bereich der menschlichen Erfahrung liegt und deshalb nicht mehr die Möglichkeit bietet, Ähnlichkeit des Erdichteten mit ihm zu konstatieren. Aber gerade dieser Widerspruch in Gottscheds Wahrscheinlichkeitstheorie macht es umso deutlicher, daß Wahrscheinlichkeit als Kriterium, als Wertmaßstab für ein Werk der Dichtkunst nicht aufgegeben werden durfte, der rationale Wertmaßstab, den der Verstand, ja der seiner Grenzen bewußte Verstand an die Dichtung legen muß.

---

[89] I.Chr. Gottsched, Versuch einer Critischen Dichtkunst. 4. A. 1751 (Faks. Darmstadt 1962, S. 198).
[90] Ebd., S. 200.
[91] Ebd.,

Als ein halbes Jahrhundert später Goethe den kleinen Dialog „Über Wahrheit und Wahrscheinlichkeit der Kunstwerke" (1797) schrieb, hatte der Begriff Wahrscheinlichkeit nicht mehr die Bedeutung der verisimilitudine, sondern den des *als wahr Erscheinens*. Zu der Illusionsbühne, um die sich das Gespräch zwischen dem „Zuschauer" und dem „Anwalt des Künstlers" dreht, sagt dieser: „Was werden Sie sagen, wenn ich Ihnen einwende, daß Ihnen alle theatralischen Darstellungen keineswegs wahr scheinen, daß sie vielmehr nur einen Schein des Wahren haben?"[92] Gewiß ist in dem Ausdruck „Schein des Wahren" der Sinn von Wirklichkeits = Wahrheitsähnlichkeit mit enthalten. Aber indem statt des eindeutigen Wirklichkeitsbegriffs der vieldeutige der Wahrheit eingesetzt wird, erweist sich diese Stelle recht aufschlußreich und gleichsam als ein Ausgangspunkt für die Etablierung des so überaus problematischen Begriffs der ästhetischen Wahrheit überhaupt. So bietet sich bereits innerhalb dieses Dialogstücks der Begriff Wahrheit an, aus seinem bestimmten Bezug auf Wirklichkeit, der Rede „wahr und wirklich" — „ich verlange, daß mir wenigstens alles wahr und wirklich scheinen solle", meint der „Zuschauer" — herausgelöst und auf eine über die Wirklichkeit erhobene Ebene versetzt zu werden, die der Kunst. Ihr spricht der „Anwalt" eine „innere Wahrheit, die aus der Konsequenz des Kunstwerks entspringt" zu und belehrt den „Zuschauer" darüber, daß diese innere Wahrheit, das „Kunstwahre", wie es weiterhin heißt, „und das Naturwahre völlig verschieden " sei[93]. Es ist symptomatisch, daß auch Goethe diese Wahrheit nicht anders als durch eine unbestimmte Angabe bezeichnet — so unbestimmt, wie in dem Aperçu des modernen Schriftstellers, es sei die Aufgabe der Literatur, nicht die Wahrheit zur Fiktion sondern die Fiktion zur Wahrheit zu machen (das die Goetheschen Darlegungen auf fast so etwas wie eine Formel bringt), der zweite Wahrheitsbegriff es ist.

Wie verhält es sich mit dieser ausdrücklich der Wirklichkeitswahrheit entgegengesetzten Wahrheit? Goethe gibt in dem Dialog nur an, daß sie aus der Konsequenz eines Kunstwerks entspringt, eine Feststellung, die in ihrer Verkürztheit nach Auflösung verlangt. Konsequenz hat die Bedeutung von Folgerichtigkeit und mag in bezug auf das Kunstwerk den inneren Zusammenhang seiner Teile, Einheit von Stoff und Form oder auch überzeugende Gestaltung von Figuren und Handlung einer fiktio-

---

[92] Goethes Werke, Hamburger Ausg. Bd. XII, S. 68.
[93] Ebd., S. 70.

nalen Dichtung und manches mehr, was eben ein Kunstwerk ausmacht, meinen. Denken wir der Beziehung der Begriffe „innere Wahrheit" und „Konsequenz des Kunstwerks" nach, so erweist sich die erstere nur als eine Bezeichnung dessen was eben als Konsequenz des Kunstwerks erfahren wird.

Es sei fern von uns, der knappen Formulierung Goethes eine prinzipielle Bedeutung abzupressen. Doch spricht sie immerhin eine Quintessenz des Problems aus, das in diesem „Über Wahrheit und Wahrscheinlichkeit des Kunstwerks" betitelten Dialog zur Rede steht. Die Formulierung ist allgemein, bezieht sich auf das Kunstwerk als solches. Aber nicht zufällig resultiert sie aus der Diskussion über ein der fiktionalen Dichtung zugehöriges Werk (gleichgültig welchen Ranges), ein Theaterstück, eine Oper, ja sogar deren Bühnendarstellung. Nur in bezug auf ein solches, ein fiktionales Werk ist denn auch der Begriff der Wahrscheinlichkeit sinnvoll. Der „Zuschauer" kann die gemalten Zuschauer in dem auf der Bühne vorgestellten amphitheatralischen Gebäude (wovon das Gespräch ausgeht) nur deshalb als unwahr und unwahrscheinlich empfinden, weil sie Teil eines Theaterstücks sind. Als Teil eines Gemäldes, das ein Amphitheater darstellt, würden gemalte Zuschauer die Frage nach Wahrscheinlichkeit nicht veranlassen. Und als das Gespräch auf die Sperlinge kommt, die die gemalten Kirschen des Zeuxis für wirkliche hielten, berichtigt der „Anwalt" den „Zuschauer", daß dies nicht an den vortrefflich gemalten Früchten sondern an den Sperlingen gelegen habe. Das heißt: Wahrscheinlichkeit im Sinne von „als wahr und wirklich erscheinen" kann ein ästhetisches Problem nur im Bereiche der Fiktivität — das aber ist der literarischen Fiktion — werden, nicht in dem der bildenden Kunst. Der Begriff der Fiktion als ästhetischer Begriff enthält den Sinn, Fiktion d.i. Schein von Leben zu sein und wird allein von der erzählenden und dramatischen Dichtung, d.h. von der Figurendichtung erfüllt. Denn der Schein des Lebens wird in der Kunst allein durch die Person als einer lebenden, denkenden, sprechenden Ichperson erzeugt. Roman- und Dramenpersonen sind fiktive Personen deshalb, weil sie als fiktive Ichpersonen oder Subjekte gestaltet sind. Von allen Materialien der Künste kann allein die Sprache den Schein des Lebens, d.i. lebender Personen hervorbringen. Der wie immer künstlerisch ungerechtfertigte Anspruch auf Wahrscheinlichkeit kann nur für eine erzählende oder dramatische Dichtung erhoben werden, weil nur an eine solche der Maßstab des „wirklichen" Lebens angelegt werden kann. Vom Standpunkt des Realismus hat das einmal Theodor Fontane unwillkürlich formuliert: „Ein Roman soll uns eine Welt der Fiktion auf Augenblicke als eine Welt der Wirklichkeit erscheinen lassen."[94] Daß Goethe von einem nicht-realistischen Standpunkt her eine solche Forderung ablehnt, entkräftet nicht sondern bekräftigt nur, daß dies am Maßstab der Wirklichkeit des Lebens geschieht. Das Prinzip der Wahrscheinlichkeit wird abgelehnt, weil es auch ihm nicht gilt, die Wahrheit — d.i. die Wahrheit der Wirklichkeit — zur Fiktion, das heißt nichts anderes als die Fiktion wahrscheinlich zu machen. Und nicht zufällig ist ihm die Oper, in der „die guten Leute da droben singend sich begegnen und komplimentieren, Billets absingen, die sie erhalten ..."[95], also sich nicht wie im natürlichen Leben gebaren, das augenfälligste Zeugnis dafür. — Doch es bedurfte des Opernbeispiels auch für Goethe nicht, um die Kategorie der Wahrscheinlichkeit als ein Prinzip der fiktionalen Dichtung abzulehnen. Sie ist ungültig für alle nicht-realistische Dichtung; und es bedarf der Bemühung eines Gottsched nicht mehr, sie auch im Hinblick auf solche — vom Märchen und phantastischen Ritterroman bis zu Kafka, Beckett oder Ionescu — aufrecht zu halten.

Wir befinden uns in einer weniger sicheren und eindeutigen Situation, wenn statt Wahrscheinlichkeit Wahrheit gesetzt und gefordert wird. (Wie denn gar manche der zitierten Wahrheitsforderungen von Schiller bis zu N. Hartmann und Huxley nur die Wahrheit der Wahrscheinlichkeit meinen.) Im Unterschied zum Begriff Wahrscheinlichkeit ist der der Wahrheit unbestimmt, im Laufe seiner philosophischen und semantischen Geschichte so bedeutungsweit und bedeutungsunterschiedlich geworden, daß sein Grundsinn des „verum id quod est" (bzw. der Fall ist) nicht mehr erkennbar geblieben ja verloren gegangen ist. Wir haben versucht, diesen Vorgang in dem Kapitel über die lebensweisheitlichen Wahrheitsnennungen zu kennzeichnen. Es hängt mit diesem Vorgang zusammen, daß vor allem mit und seit dem deutschen Idealismus und mit Hegels Ästhetik als Zentrum dieses Problems, Wahrheit als ästhetische Kategorie, als Eigenschaft des Kunstphänomens konstituiert wurde. Und wenn in diesen Ästhetiken von Hegel bis Adorno die Dichtung auch unter dem Gesichtspunkt der ästhetischen Wahrheit den anderen Künsten gleichgeordnet wurde, so stand, wie bereits hervorgehoben,

---

[94] Fontane, Sämtl. Werke, München 1963, Bd. XXI, S. 239.
[95] A.a.O., S. 68.

primär die fiktionale Dichtung im Blickfeld. Erörterungen über die Wahrheit, den Wahrheitsgehalt von Dichtung wurden durch Hinweise auf Fiktionsdichtung belegt (nicht zufällig mehr auf Romane als auf Dramen). Denn es ist die Thematik menschlicher Existenz, die zur Frage nach Wahrheit aufrufen kann, und dies über alle „Wahrscheinlichkeit" hinaus, d. h. gleichgültig, ob diese Thematik realistisch oder nichtrealistisch, in einem Roman Fontanes oder Kafkas, einem Drama Schillers, Gerhart Hauptmanns oder Samuel Becketts gestaltet wird.

Dennoch verhält es sich mit dem Begriff der ästhetischen oder, auf die Literatur beschränkt, der dichterischen Wahrheit problematischer, ja undeutlicher, als es hiermit gesagt ist. Dies hängt mit der Schwierigkeit zusammen, die sich bei der Interpretation jedes dichterischen Werkes einstellt, und zwar wegen ihrer strukturellen Komplexität im Bereich der fiktionalen Dichtung in höheren Grade als in der Lyrik. Diese Schwierigkeit beruht auf nichts anderem als auf der Seinsform eben der Kunstgebilde, deren Material die Sprache ist. Die Sprache ist nicht Material im Sinne des Materials der bildenden Künste und auch der Musik. Sie ist ein geistiges Gebilde an sich, das als artikulierte Form des Denkens logisch-grammatisch strukturiert ist, als „Medium der Poesie", wie es Wilhelm Schlegel formuliert hat, „eben dasselbe, wodurch der menschliche Geist überhaupt zur Besinnung gelangt und seine Vorstellungen zu willkürlicher Verknüpfung in die Gewalt bekommt"[96]. Überdies existiert dieses Gebilde nur in der Weise der verschiedenen Sprachen, von denen jede ihre eigenen philologischen und grammatischen Gesetzlichkeiten und in verbaler Hinsicht Bedeutungsgehalte hat. Das Bewußtsein von dieser Tatsache hat denn auch der neueren Literaturtheorie Impulse gegeben und es wurde die Bezeichnung der Dichtung als sprachliches Kunstwerk beim Worte ihrer Sprachlichkeit genommen. Dennoch verhält es sich nicht so, daß, wie formuliert worden ist, Literatur es mit nichts anderem zu tun hat als Sprache.[97] Die Rede vom sprachlichen Kunstwerk kann nicht so verstanden werden, daß die Sprache, in der das literarische Werk geschaffen ist, das *Objekt* der künstlerischen Gestaltung wäre (etwa wie die Sprache oder eine Nationalsprache das Untersuchungsobjekt der

---

[96] W. Schlegel, Über Schöne Literatur u. Kunst. (In: Deutsche Literaturdenkmale des 18. und 19. Jahrh. Bd. 17 (1884), S. 261.
[97] H. Heißenbüttel, Über Literatur, Olten 1966, S. 219.

Sprachwissenschaft ist). Zu unterscheiden ist zunächst die verschiedene Funktion, die die Sprache im Bereich der fiktionalen und der lyrischen Dichtung hat. Wenn das lyrische Gedicht identisch mit seiner Sprachgestalt ist, so steht die Sprache als Medium der erzählenden und dramatischen Dichtung im Dienste einer anderen Funktion, der „bildenden", wie man sagen kann, der eine fiktive Figuren und ihre Welt gestaltenden Funktion. Und wenn es auch richtig ist, daß die erzählend oder dramatisch gestaltete Fiktion nur „ist", weil sie durch Sprache geschaffen ist, so wird sie doch als eine von ihrer sprachlichen Seinsweise losgelöste, von ihr unabhängige rezipiert, ja wir dürfen sagen von dem Autor konzipiert. Wie wir denn bei der Interpretation eines fiktionalen Werks nicht von der Sprache sondern von den Figuren, der Handlung und der auf diese bezogenen Umstände ausgehen. „Ein Roman hat sein inneres Dasein vor der Sprache. Eh er in Worten geschrieben ist, sind die Menschen da, ihr Zusammengehn und der sie mischende Zufall, sind die Räume da mit den bezeichnenden Auftritten und Bildern, den unvergeßlichen Rasten des fließenden Geschehens ...", steht in Max Kommerells Buch über Jean Paul[98].

Was die Wahrheitsaussagen über fiktionale Dichtungswerke betrifft, so sind sie auf die fiktive Welt bezogen, deren sprachliche Seinsweise eben vor dieser von der Sprache erzeugten Welt im literarischen Bewußtsein zurücktritt. Daß in der neueren und neuesten linguistisch-semantisch orientierten Literaturtheorie auch das Wahrheitsproblem auf das sprachliche Medium zurückzuführen versucht worden ist, wird noch erörtert werden. Aber eben auch dann wenn die Sprachlichkeit der literarischen Fiktion als solche nicht im Blickfeld steht, muß notwendigerweise ein ihr entnommener „Wahrheitsgehalt" durch sie bedingt oder mitbedingt sein. Ein solcher kann nicht davon unabhängig sein, daß die sprachlich vermittelte fiktive Welt eben damit eine begrifflich vermittelte ist. Roman Ingarden bestimmt den — als solchen selbstverständlichen Unterschied des literarischen ästhetischen Erlebnisses von dem der bildenden Künste durch den „Anteil am rein intellektuellen Verstehen der Sinneinheiten, die in das literarische Werk eingehen"[99]. Es ist deutlich, daß daran auch, ja in noch höherem Grade ein als Wahrheit erfahrenes

[98] M. Kommerell, Jean Paul. Frankfurt a.M. 1933, S. 30.
[99] R. Ingarden, Vom Erkennen des literarischen Kunstwerks. Tübingen 1968, S. 239.

oder benanntes ästhetisches Erlebnis Anteil hat. Das Wort oder umfassender die so oder so geartete Worttextur, die die stilistische Ausdrucksform der die Fiktion erzeugenden Begriffe ist, läßt einer Deutung, und damit einer Wahrheitserfahrung, einerseits weniger Freiheit als die stummen Materialien Farbe und Stein, die Gemälde und Skulpturen, d.h. Dinge, nicht aber Schein des Lebens erzeugen; andererseits aber ist die worterzeugte fiktive Lebenswelt — gleichgültig welcher dichterischen Struktur — so weit und differenziert, umspannen die „dargestellten Gegenständlichkeiten" (Ingarden) einen solchen Bereich dinglicher, geistig-seelischer, gesellschaftlicher, kurz lebensweltlicher Sinnverhalte, daß die Möglichkeiten, Wahrheitsgehalte auszumachen, die der bildenden Künste weit übertreffen.

Es ist versucht worden, die Faktoren zu kennzeichnen, die die literarische Fiktion zum bevorzugten Beispielgebiet für Zuschreibungen dichterischer Wahrheit machen. Aber es mag auch deutlich geworden sein, daß diese damit nicht auch als gerechtfertigte erscheinen sollen. Denn überall bleibt die Frage zurück, wie sich Wahrheit eines Romans oder Dramas erweisen lasse. Und schon wenn die Frage nach der Wahrheit so spezifiziert wird, d.h. nicht mehr nur allgemein von Wahrheit des Kunstwerks ja der Kunst die Rede ist, gerät diese Frage vor Schwierigkeiten. Und zwar letzlich vor dieselben Schwierigkeiten, vor denen jede allgemeine Kunstphilosophie steht, wenn sie an den einzelnen Kunstwerken konkretisiert werden soll. Denn Kunst „ist" als solche ja nicht, es gibt nur Kunstwerke. „Aber was ist die Kunst? Wirklich ist die Kunst im Kunstwerk", sagt auch Heidegger.[100] Nicht ohne weiteres ist zu entscheiden und zu begründen, welchen Werken, die ihrer Erscheinungsform nach in die verschiedenen Kunstgattungen gehören, der Rang des Kunstwerks zugeschrieben werden kann. Das schwierige Problem der Wert- und Geschmacksurteile tritt hier im Horizont historischer Zeitbedingtheit auf. Und wenn etwa Hegel von vornherein dem Roman einen geringeren poetischen Rang gab als dem Nationalepos, ihn als Prosa im abwertenden Sinn, als „Epopöe der zur Prosa geordneten Wirklichkeit" charakterisierte, so würde er seinen mit der Idee der Schönheit verquickten Wahrheitsbegriff kaum auf einen Roman angewandt haben — auch nicht auf den Roman „Die Wahlverwandtschaften" seines hochbewunderten Freundes Goethe, den 100 Jahre später Walter Benjamin unter dem Gesichtspunkt des „Wahrheitsgehalts des

---

[100] Heidegger, Ursprung des Kunstwerks, a.a.O., S. 29.

Kunstwerks" zu analysieren unternahm. Dies soll nur ein Hinweis auf das eigentümliche Mißverhältnis sein, in dem ein als wertabsolut verstandener Begriff wie Wahrheit zu einem so der Relativität unterworfenen Bereich steht wie dem der Kunst oder gar der Literatur.

Das Problem solcher Relativität macht sich konkreter geltend, wenn der vorausgesetzte Wahrheitsgehalt an einem bestimmten Roman oder Drama erwiesen werden soll. Walter Benjamin also leitet seine berühmt gewordene, aber nichtsdestoweniger höchst problematische Abhandlung „Goethes Wahlverwandtschaften" (1922) mit einer komplizierten Erörterung über „den Wahrheitsgehalt eines Kunstwerkes" ein, genauer über das Verhältnis des Wahrheitsgehalts, den zu suchen Aufgabe der „Kritik", und des „Sachgehalts", der das Objekt des „Kommentars" sei (70)[101]. Aus dem Zusammenhang unserer Fragestellung würde eine nähere Darlegung dieser These zu weit hinausführen.[102] Nur soviel sei hier angegeben, daß — ausgehend von Kants Ehedefinition in der „Metaphysik der Sitten" — als Sachgehalt des Romans die Ehe gekennzeichnet zu werden scheint, bestätigt durch die Feststellung, daß „an ihr ... sich des Dichters neue, auf synthetische Anschauung der Sachgehalte hingewendete Betrachtung bekundet" (72). Doch wendet sich die Erörterung sodann nicht der Ehe als Sachgehalt des Romans — es wird sogar festgestellt: „Der Gegenstand der ‚Wahlverwandtschaften' ist nicht die Ehe" (76) — sondern dem Sachgehalt der Ehe zu.[103] Und es ist im Zusammenhang des Eheproblems, daß statuiert wird: „Der Wahrheitsge-

---

[101] Goethes Wahlverwandtschaften. In: W. Benjamin, Illuminationen, Frankfurt a. M. 1961. Die im Text angegebenen Seitenzahlen beziehen sich auf diese Ausgabe.

[102] Die Unterscheidung von Wahrheitsgehalt und Sachgehalt meint, daß die Dauer, die „Unsterblichkeit" eines Werkes durch seinen Wahrheitsgehalt verbürgt ist, während der Sachgehalt „in der Frühzeit des Werkes mit jenem vereint" schwindet (70f.). Die allgemeine Überlegung erhält keine Begründung durch Nachweise und wird auch nicht, wie mir scheint, durch Benjamins Analyse der „Wahlverwandtschaften" erhärtet.

[103] Gegen Kants Definition der „sachlichen Natur der Ehe" wird der „Wahrheitsgehalt" der Ehe so erklärt: „Wie die Form eines Siegels unableitbar ist aus dem Stoff des Wachses ... so ist abzuleiten der Gehalt der Sache weder aus der Einsicht in ihren Bestand, noch durch die Erkundung ihrer Bestimmung, noch selbst aus der Ahnung des Gehalts, sondern erfaßbar allein in der philosophischen Erfahrung ihrer göttlichen Prägung, evident allein der seligen Anschauung des göttlichen Namens. Dergestalt fällt

halt erweist sich als solcher des Sachgehalts" (73). Es geht aus den weiteren Darlegungen nicht hervor, ob dies auf die Ehe gemünzte Verhältnis, die Identität von Sachgehalt und Wahrheitsgehalt, als das des Kunstwerks, also des Goetheschen Romans, verstanden werden soll.[104] Doch wir brauchen dies auch nicht weiter zu bedenken, zumal die Begriffe als identisch erklärt worden sind. Der Begriff des Wahrheitsgehalts, um den es geht, erscheint nur hier und da in den den Roman umkreisenden Meditationen, und es bleibt letzlich dem Leser überlassen, ob er die von Benjamin interpretierten Sinnverhalte als den Wahrheitsgehalt des Romans anerkennen will. Zuletzt und an prägnanter Stelle, die die Interpretation der Figur der Ottilie einleitet, erscheint der Begriff eingesetzt in einen Ideenzusammenhang, der die anfangs gekennzeichnete Aufgabe der „Kritik", den Wahrheitsgehalt zu suchen, als eine philosophische begründen soll. Dies geschieht mit Hilfe eines Begriffs, der, soweit ich sehe, von Benjamin gesetzt ist, obwohl er im Rahmen des Systemgedankens des deutschen Idealismus, der postulierten „Einheit der Philosophie" steht. Dieser Begriff heißt „das Ideal des Problems". *Das* Problem ist das Problem der Philosophie. Es besteht darin,

---

zuletzt die vollendete Einsicht in den Sachgehalt der beständigen Dinge mit derjenigen in ihren Wahrheitsgehalt zusammen. Der Wahrheitsgehalt erweist sich als solcher des Sachgehalts" (73).

[104] Kants Definition der Ehe wird die „eheliche Liebe" als Thema von Mozarts „Zauberflöte" gegenübergestellt und gefragt: „Ist wirklich Goethe in den „Wahlverwandtschaften" dem Sachgehalt der Ehe näher als Kant und Mozart?" (74) — zitiert als Beleg für die in diesem Text ungeklärte Frage, ob es sich um den Sachgehalt der Ehe oder den Sachgehalt des Goetheschen Romans handelt. Denn selbst wenn die Ehe als Sachgehalt des Romans angesehen würde, ist dies nicht dasselbe wie der „Sachgehalt der Ehe", wie er etwa von Kant angegeben und als solcher von Benjamin angeführt wird. — Das Verständnis dessen, was als Sachgehalt des Romans zu verstehen sei, wird dadurch noch mehr erschwert, daß in Zusammenhang mit dem „Verfall", der „Auflösung der Ehe" (76) „das Mythische" als der Sachgehalt des Romans ausgegeben wird. „In ihrer (der Ehe) Auflösung wird alles Humane zur Erscheinung, und das Mythische verbleibt allein als Wesen", heißt es zunächst (76). Dieses wird aber sodann in nicht widerspruchsfreien Feststellungen zum Sachgehalt erklärt: „Nirgends ist zwar das Mythische der höchste Sachgehalt, überall aber ein strenger Hinweis auf diesen. Als solchen hat es Goethe zur Grundlage seines Romans gemacht. Das Mythische ist der Sachgehalt dieses Buches: als ein mythisches Schattenspiel in Kostümen des Goetheschen Zeitalters erscheint sein Inhalt: (86). Siehe auch Fußnote 105.

„daß es keine Frage gibt, welche die Einheit der Philosophie erfragend umspannt" (118), d.h. ihre Einheit auch dann nicht erfragen könnte, wenn ihre „sämtlichen Probleme" gelöst wären. So jedenfalls scheint der Satz zu verstehen zu sein: „Die Ganzheit der Philosophie, ihr System, ist von höherer Mächtigkeit, als der Inbegriff ihrer sämtlichen Probleme es fordern kann, weil die Einheit in der Lösung ihrer aller nicht erfragbar ist" (ebd.). Deshalb nicht, weil diese Frage wiederum auf „die Einheit ihrer Beantwortung mit der von allen übrigen" (ebd.) befragt werden müßte. Diese Frage also „existiert nicht", sie existiert nur als „Ideal", als Ideal dieses so beschriebenen „Problems der Philosophie", als „Ideal des Problems".

Es sei hier nicht diskutiert, ob vielleicht im Hintergrund dieser als solche willkürlichen Argumentation und Begriffsbestimmungen eine Opposition gegen das geschlossene System vor allem Hegels steht, das in der Idee als Einheit des Systems gründet. Denn es kommt nur darauf an, daß der Begriff „Ideal des Problems" das Kunstwerk in eine Verwandtschaft mit diesem Problem der Philosophie bringen soll. Kunstwerke seien „die Gestalten, in welchen das Ideal ihres (der Philosophie) Problems erscheint", „Gebilde, die ohne Frage zu sein, zum Ideal des Problems die tiefste Affinität haben" (ebd.). Wenn Hegel den Begriff des Kunstschönen durch den des Ideals ersetzte, so war damit das Kunstwerk als „bestimmte Gestalt" definiert, die das Allgemeine, die Idee, in besonderer Weise äußere und demselben erst dadurch Dasein und Erscheinung gebe (XIII, 258). Wie aber das Ideal des Problems, das die nicht-existente Frage nach der Einheit der Philosophie bezeichnet, in der Vielheit der Kunstwerke erscheinen bzw. in ihnen „vergraben" (119) liegen solle, entzieht sich — nach meinem Verständnis — der Vorstellung und wird denn auch von Benjamin nur soweit bestimmt, daß es „das Geschäft der Kritik" sei, „im Kunstwerk das Ideal des Problems in Erscheinung, in eine seiner Erscheinungen treten" zu lassen (119). Der Kritik war aber die Aufgabe zugesprochen worden, den Wahrheitsgehalt der Kunstwerke zu suchen. Wenn es aber an dieser Stelle weiter heißt: „Denn das, was sie zuletzt in jenen [den Erscheinungen des Ideals des Problems] aufweist, ist die virtuelle Formulierbarkeit seines Wahrheitsgehalts als höchsten philosophischen Problems", so bleibt es undeutlich, wie der hier unvermittelt auftretende Begriff Wahrheitsgehalt des Kunstwerks mit dem Ideal des Problems zusammenhängt, außer daß er eben als das höchste philosophische Problem bezeichnet wird. Wir dürfen denn auch den Begriff des Ideals des Problems ausklammern, weil in der weiteren Analyse des Romans, die die Gestalt Ottiliens zum Gegenstand hat, keinerlei Bezug darauf genommen oder auch nur erkennbar ist. Und wie sollte denn auch die nicht-existente Frage nach der Einheit der Philosophie in ihr eine Funktion haben?

Doch scheint es mit dem Begriff des Wahrheitsgehalts nicht besser zu stehen. Dieser tritt hier freilich nicht in der einfachen Bezeichnung „Wahrheitsgehalt des Kunstwerks" und als direktes Objekt der Kritik auf. Die Aufgabe der Kritik wird vielmehr dahin eingeschränkt, die „virtuelle Formulierbarkeit" des Wahrheitsgehalts aufzuweisen. Der Wahrheitsgehalt ist nur formulier*bar*, kann aber nicht formuliert werden — aus demselben Grunde, aus dem die Einheit, das System der Philosophie nicht erfragt werden kann: „Wäre doch jene Formulierbarkeit allein, wenn das System erfragbar wäre, einzulösen und würde damit aus einer Erscheinung des Ideals sich in den nie gegebenen Bestand des Ideals selbst verwandeln. So aber sagt sie einzig, daß die Wahrheit in einem Werk zwar nicht erfragt, doch als erfordert sich erkennen würde" (ebd.). An dieser Stelle, im folgenden Satz, wird der Begriff des Schönen eingeführt und jedenfalls hypothetisch auf das „Wahre" bezogen. Doch scheint er in der Formulierung „wenn es also erlaubt ist, zu sagen, alles Schöne beziehe sich irgendwie auf das Wahre . . ." nur ein Name für die Kunst überhaupt zu sein — etwa im Sinne des Hegelschen Begriffs des Kunstschönen, der nichts anderes als eben die Kunst meint. D. h. es wird in dieser mehr oder weniger vagen Formulierung ein Bezug der Kunst auf Wahrheit etabliert, und zwar zu dem Zwecke, den Anspruch der Philosophie auf die Kunst weniger zu begründen als zu fordern. Oder genauer: die Begründung ist in der Setzung des „Ideals des Problems" als Problems der Philosophie enthalten, zu dem im Kunstwerk eine seiner Erscheinungen aufzufinden sei. Indem dann, wie bereits dargelegt, als höchstes philosophisches Problem der Wahrheitsgehalt des Kunstwerks bezeichnet wird, ist per definitionem die Beziehung der Kunst, des Schönen, zu dem Wahren, und damit zur Philosophie hergestellt. Die Argumentation wird mit dem bereits in seinem ersten Teil angeführten Satz abgeschlossen und auf ihren Ausgangspunkt zurückgelenkt: „Wenn es also erlaubt ist zu sagen, alles Schöne beziehe sich irgendwie auf das Wahre und sein virtueller Ort in der Philosophie sei bestimmbar, so heißt dies, in jedem wahren Kunstwerk lasse eine Erscheinung von dem Ideal des Problems sich auffinden" (ebd.). Nunmehr auf die Interpretation der „Wahlverwandtschaften" angewendet, wird der Philosophie die Aufgabe zuerteilt, sie „statt des

Mythos ... zu führen"[105], und zwar „von dort an, wo die Betrachtung von den Grundlagen des Romans zur Anschauung seiner Vollkommenheit sich erhebt" (ebd.). Dies geschieht durch die Anschauung der Gestalt Ottiliens. „Damit", heißt es abschließend, „tritt die Gestalt der Ottilie hervor." Ihr wendet sich also die Darstellung zu, die nun an die vorausgeschickte Erörterung nicht mehr anknüpft, sondern mit neuen gleichfalls spekulativen Begriffen das Wesen und Sein Ottiliens zu fassen sucht.

Die zentrale Ottilien-Kategorie heißt „Schein". „Sie ruft den Schein einer Unschuld des natürlichen Lebens hervor" (120), was nicht dahin mißzuverstehen ist, daß die Unschuld nur Schein und also keine echte Unschuld wäre. Sondern Schein hat offenbar den Sinn, der etwa im Begriff Heiligenschein enthalten ist, den Sinn einer Erhöhung ins Transzendente. Die etwas später, auf eine Meditation über natürliche Unschuld folgende Feststellung: „Nicht Reinheit, sondern deren Schein verbreitet sich mit solcher Unschuld über ihre Gestalt. Es ist die Unberührbarkeit des Scheines, die sie dem Geliebten entreißt" (121), scheint dies zu bestätigen. Und es ist vor allem nicht bloß Schönheit, sondern Schein der Schönheit die Kategorie, unter der Ottilie gesehen wird, und zwar als „untergehender" (139).

Es liegt nicht im Rahmen unserer Thematik, zu Benjamins Philosophie des Scheins und der Schönheit, zu seiner Deutung der Ottiliengestalt und damit seiner jedenfalls damit suggerierten Annahme Stellung zu nehmen, Goethe habe eben dies, das Scheinproblem der Schönheit, in ihr darstellen und zum eigentlichen Problem des Romans machen

---

[105] Der Hinweis auf den „Mythos", der die Betrachtung bisher geführt habe, bezieht sich auf die nicht weniger spekulativ-willkürliche Statuierung Benjamins, daß (wie Anm. 104 dargelegt) „das Mythische der Sachgehalt des Romans", oder an anderer Stelle „Das Gedichtete" (das nach dem einfachen Wort Goethes über seinen Roman, „wie das Geschehene sein Recht behaupte") „die mythische Stoffschicht des Werkes" sei (92). Es ist die Rede von den „mythischen Gewalten des Rechts", die aus dem Verfall der Ehe hervorgehen (75), wie von der „mythischen Natur", die sich drohend erhebt (77). Als „Kriterium der mythischen Welt" wird die „Einbeziehung sämtlicher Sachen ins Leben, die erste das Haus" (84) bezeichnet; ebenso wie der Tod der Unschuldigen (Ottiliens) im Sinne der mythischen Welt „unter der mythischen Urform des Opfers" (85). Die Welt der Wahlverwandtschaften ist ganz gewiß keine mythische Welt, nicht einmal im Sinne des hausgemachten Mythischen (das schon garnicht zu „*einem* Mythos" verfestigt werden kann) Benjamins.

wollen. Wir haben diese Deutung als Faktum, als Aussage von Benjamins Analyse (und eigenem Philosophieren) zu konstatieren und nur zu prüfen, ob ein Bezug zu dem dieser Deutung vorausgeschickten Problem des Wahrheitsgehalts des Kunstwerks hergestellt oder erkennbar ist.

Es ist anzunehmen, daß die spekulative Theorie des Systemproblems der Philosophie der Interpretation der Hauptfigur des Romans nicht vorausginge, wenn diese nicht als die Erscheinung des „Ideals des Problems" aufgefaßt wäre, die in dem Roman „vergraben" liegt und damit der untergehende Schein ihrer Schönheit als der wie immer nur virtuell formulierbare Wahrheitsgehalt des Romans aufgewiesen sein soll. Dies wird in der Abhandlung nicht ausgesprochen, und eben möglicherweise deshalb, weil es nur virtuell formulierbar wäre, nicht aber formuliert werden kann. Aber eben aus diesem Grunde ist diese Abhandlung für das Problem der Wahrheit der Kunstwerke ein prägnantes Paradigma. Wenn wir aus den Darlegungen Benjamins den Schluß zu ziehen versuchten, daß der von ihm aus der Ottiliengestalt entbundene Bedeutungsgehalt dem was er als Wahrheitsgehalt bezeichnet, entspricht, so würde ein solches Resultat von ihm selbst nicht gezogen werden können. Stellten wir die Frage, ob die „scheinhafte Natur" Ottiliens der Wahrheitsgehalt des Romans sei, so würden wir auf die Aussage verwiesen, daß die „Kritik" vor der „Formulierung" des Wahrheitsgehalts innehält, und zwar „aus Ehrfurcht vor dem Werk, gleich sehr jedoch aus Achtung vor der Wahrheit", welche letztere als „die Wahrheit in einem Werk zwar nicht als erfragt, doch als erfordert sich erkennen würde" (119). Argumentieren wir in einer weniger esoterischen Denk- und Ausdrucksweise, so würden wir aus solchen Sätzen den nüchternen Schluß ziehen können, daß es eines Wahrheitsbegriffes nicht bedarf, wenn er nicht formulierbar ist, und formulierbar hieße ja, daß er durch den oder einen der Bedeutungsgehalte des Werkes erfüllt würde. Aber nun ist eben die Wahlverwandtschaften-Interpretation Benjamins ein Beispiel für die Funktionslosigkeit des Wahrheitsbegriffs, wenn es sich um die Deutung eines Kunstwerks handelt. Gerade weil diese Abhandlung als „Kritik", und zwar als philosophische, den Anspruch erhebt, den Wahrheitsgehalt zu suchen, ist sie ein Beispiel für das notwendige Scheitern dieses Anspruchs. Nicht nur wird schon, wie gezeigt, innerhalb der Argumentation selbst dieser Anspruch aufgehoben, es erweist sich vor allem die Frage nach der Wahrheit der von diesem Interpreten herausgelesenen Sinnverhalte als nicht beantwortbar. Ebensowenig beantwortbar wie es die Frage nach der Wahrheit von Friedrich Gundolfs — von Benjamin so heftig wie ungerechtfertigt bestrittener, doch der Romankonkretheit (wenn man so sagen darf) bedeutend näherer — Interpretation wäre, die das Natur- und als solches das Schicksalsgesetz heraushebt, unter dem Ottilie steht und das sie zuletzt erfüllt.[106] Wenn es bei Benjamin nun heißt, die Formulierung des Wahrheitsgehalts, nämlich „die virtuelle Formulierbarkeit des Wahrheitsgehalts", halte aus Achtung vor der Wahrheit inne, und diese erkenne sich im Kunstwerk nicht als erfragt sondern nur als erfordert, so ist damit ausgesprochen, daß Wahrheit in diesem Bereich nur einen unbestimmten leitenden Wert bezeichnet, der das Kunstwerk als ein „wahres" Kunstwerk, nämlich als „eine Erscheinung von dem Ideal des Problems" ausweist. Daß auf Grund der Nichterfragbarkeit des Wahrheitsgehalts das Kunstwerk eine Affinität zum nicht erfragbaren System der Philosophie und zum Ideal des Problems habe, dürfte, so scheint uns, eine sozusagen privative und damit absurde Bestimmung des Kunstwerks sein, die die „negative Theorie" des ästhetischen Wahrheitsbegriffs nicht in eine affirmative verwandelt. Doch davon einmal abgesehen — wie in Hegels Ästhetik der philosophisch definierte Wahrheitsbegriff der Kunst für die Betrachtung der Kunstwerke selbst nicht effektiv wird, so bleibt auch bei Benjamin die Analyse des Goetheschen Romans von der spekulativen Wahrheitstheorie letzlich unberührt, und dies umsomehr, als sie als eine allgemeine, das Kunstwerk überhaupt betreffende gemeint oder jedenfalls so formuliert ist und den spezifisch literarischen Aspekt nicht reflektiert.[107]

---

[106] F. Gundolf, Goethe. Berlin 1918, bes. S. 571f.

[107] Auch das kurz nach dem Wahlverwandtschaften-Aufsatz entstandene durchaus wichtige Buch „Ursprung des deutschen Trauerspiels" (ersch. 1928, zitiert nach der Ausgabe Frankfurt a.M. 1963) enthält eine „Erkenntniskritische Vorrede" mit einer Wahrheitstheorie, die noch weniger als in dem Wahlverwandtschaften-Aufsatz, ja überhaupt nicht für die Beschreibungen und Deutungen der Barockdramatik funktionell wird. Aber davon abgesehen — gerade was Benjamin hier über Wahrheit sagt, daß sie „jeder ... Projektion in den Erkenntnisbereich [entgeht]" (S. 10), „der Gegenstand der Erkenntnis nicht die Wahrheit [ist]" (dem ich zustimmen würde, s.S. 133 meines Textes), sondern Wahrheit „ein aus Ideen gebildetes intentionsloses Sein" sei (S. 17), macht an sich schon die Behauptungen des Wahlverwandtschaften-Aufsatzes ungültig, wobei die spekulative, den Sinn von Wahrheit nicht gerade erhellende Definition hier nicht weiter erörtert sei.

Dagegen hat Walter Müller-Seidel in seiner vielseitig erhellenden Schrift „Probleme der literarischen Wertung" den Aspekt des „Wahren" — den er mit Recht dem der „Wahrheit" vorzieht — wirklich als effektives Instrument einer Interpretation, und zwar der „Hirtennovelle" von Ernst Wiechert (1935), eingesetzt. Die Art und Weise, wie Müller-Seidel dabei verfährt, ist aufschlußreicher als dieses Verfahren, wenn man so sagen darf, selbst weiß. Der Gesichtspunkt, der zum Prüfstein des Wahrseins gemacht wird, ist Wirklichkeitsflucht, und der Erzählung wird bescheinigt, daß sie mit Anspielungen auf die Nazizeit (z.B. den vorausgeahnten, in die Erzählung schon einbezogenen Krieg) keine Wirklichkeitsflucht begeht, die fast noch archaische, alttestamentarisch gespiegelte Welt der Dorfgemeinschaft nicht um ihrer selbst willen erzählt ist. Was Müller-Seidel kritisiert, ist die zeit- und wirklichkeitsfremde Einkleidung, ja Thematik des Wiechertschen „einfachen Lebens", der anti-intellektuellen, bildungsfeindlichen Haltung. „Die Bewußtseinsverhältnisse, die der Erzählung voranliegen, sind einfach nicht wahr"[108], und die primitive, der Erzählerdistanz nicht bewußte Erzählweise Wiecherts, die pathetische, biblisch überhöhte Sprache u.dgl.m. wird als Spiegelbild dieses Unwahren aufgezeigt.

Für unsere Thematik ist an dieser Kritik der Umstand interessant und aufschlußreich, daß nicht das Wahre selbst, sondern das Unwahre zum Kriterium der Wertung dient, und zwar an einem schriftstellerischen Werk, dessen literarischer Rang heute nicht hoch eingeschätzt wird, mit dem es erzählerisch „nicht zum besten steht"[109]. Daß die Anwendung der Negation, der Begriff des Unwahren leichter, konkreter zu handhaben ist als der Positivwert des Wahren, geht auch — worauf wir hier nochmals zurückweisen — aus den vielfachen, es jedoch nur bei Hinweisen belassenden kritischen Bemerkungen Adornos hervor. „Was gesellschaftlich unwahr, brüchig, ideologisch ist, teilt sich dem Bau der Kunstwerke mit" (420), „kann nicht „zum ästhetisch Authentischen werden" (305) — was auch Müller-Seidels Kritik der „Hirtennovelle" entspricht. Ein als gesellschaftlich oder geschichtlich inadäquat Empfundenes kann durch die kritische Note „unwahr" treffender bezeichnet werden als eine diesbezügliche Einstimmigkeit durch die wertpositive Note „wahr". Aber denken wir an Adornos Wort über Stifter als „ein

---

[108] W. Müller-Seidel, Probleme der literarischen Wertung, Stuttgart 1965, S. 143.
[109] Ebd., S. 144.

Modell des Wahrheitsgehalts eines in seinen Intentionen durchaus ideologischen oeuvres" (346), so wird auch das Unwahrheitkriterium problematisch. Denn trotz der an sich „unwahren", nämlich bürgerlich ideologischen Intention Stifters wird seinem Werk Wahrheit zuerkannt, wird „die Diskrepanz der Form und der bereits kapitalistischen Gesellschaft" (ebd.) für den Wahrheitsgehalt gerettet, indem ideologische „Affirmation zur Chiffre von Verzweiflung" erhöht wird. — Es mag sein, daß auch die von Müller-Seidel kritisierte Diskrepanz zwischen der Ideologie des „einfachen Lebens" und der geschichtlichen und gesellschaftlichen Situation seiner Zeit bei Wiechert in fünfzig oder hundert Jahren als Ausdruck irgend einer Wahrheit gelesen wird. Wie denn auch zu Stifters eigener Zeit niemand darauf gekommen wäre, die „mikrologisch-zarte Empirie" (Adorno) seiner Ding- und Menschenschilderung als Chiffre der Verzweiflung und damit als den verborgenen Wahrheitsgehalt zu interpretieren, sondern wie z.B. Hebbel, der in bezug auf den „Nachsommer" fand, daß „ein Inventar ebenso interessant ist", Stifter als Manieristen abfertigte, der er „sogleich bei seinem ersten Auftreten war"[110]. Zur Geschichte der Literatur und der Kunst gehört der Wandel des Geschmacks und der Wertungen, damit auch der des jeweils als Wahrheit bezeichneten ästhetischen Wertes, der „ästhetischen Wahrheit".

Die Gründe dafür, daß von allen Gattungen der Kunst die literarische Fiktion in erster Linie die Frage nach der ästhetischen oder doch dichterischen Wahrheit hervorruft, sind bereits gekennzeichnet worden: Nicht nur der Schein des Lebens (den auch nichtrealistische Dichtung erzeugt), auch der Bezeichnungscharakter, die Bedeutungshaltigkeit der Worte, die — um mit R. Ingarden zu reden — Quasi-Urteilshaftigkeit der Sätze, kurz die strukturelle und verbale Gleichartigkeit des Mediums der Dichtung mit der außerdichterischen, besser der nichtdichtenden Sprache bringt die Frage nach der Wahrheit in engere Beziehung zur literarischen Fiktion als zur bildenden Kunst. Unreflektiert sind, wie schon gesagt, im allgemeinen diese Elemente in die Wahrheitstheorien, die mehr oder weniger verbindlichen Äußerungen über die Dichtungswahrheit eingegangen, wobei prädominant die Fiktion selbst, als das Produkt der sie erzeugenden Sprache, der Gegenstand dieser Erörterungen ist.

---

[110] Rezension Hebbels über den „Nachsommer" in den „Literaturbriefen" der „Leipziger Illustrierten Zeitung" 1858.

Jedoch ist im Zuge der modernen Sprachphilosophie, Linguistik und Semantik (vorwiegend angelsächsischer Provenienz) und in dem Maße, in dem sich das Interesse mehr auf die Sprachstruktur als auf die Inhalte der literarischen Werke richtete, hier und da die Wahrheitsfrage der Fiktion von dieser Ebene aus gestellt und geprüft worden. Es nimmt nicht wunder, daß dabei wiederum ausschließlich die erzählende Dichtung im Blickfeld steht. Scheint — und ich betone: *scheint* — doch der erzählende Vorgang, die „fiktionale Rede", wie man im Rahmen der Sprechakttheorien dieses Erzählen bezeichnet hat, sich als solcher von der allgemeinen, der „Alltagssprache" nicht zu unterscheiden. Im Folgenden sollen die wichtigsten Auffassungen auf diesem Gebiete dargelegt werden.

Sprachtheoretische Auffassungen

Der erste, der, soweit ich sehe, auch die Dichtung auf den Wahrheitsgehalt ihrer sprachlichen Substanz geprüft hat, war Gottlob Frege. Dies geschieht unter dem Gesichtspunkt seines Terminus „Bedeutung" (in dem Aufsatz „Sinn und Bedeutung", 1892). Frege unterscheidet Sinn und Bedeutung eines Satzes — Termini, die im Deutschen freilich nahe verwandt sind, bei Frege aber den Unterschied bezeichnen, der in der englischsprachigen Logik und Semantik durch die Wörter meaning und reference ausgedrückt wird, wobei nach J.R. Searle „Referenz . . . die Existenz ihres Bezugsgegenstandes voraussetzt"[111]. Dies entspricht Freges Begriff „Bedeutung", derart, daß ein Satz einen Sinn haben kann, ohne daß ihm eine Bedeutung zukommt. So hat der Satz bzw. haben die Worte „der von der Erde am weitesten entfernte Himmelskörper"[112] zwar einen Sinn, aber aus dem Grunde keine Bedeutung, weil nicht festgestellt werden kann, welcher der von der Erde am weitesten entfernte Himmelskörper ist. „Bedeutung" bezeichnet also den Bezug des in einem Satz oder auch nur durch ein Wort Bezeichneten auf einen real existierenden, dadurch dieses verifizierenden Gegenstand oder Sachverhalt. Deshalb können nur der Bedeutung die Attribute wahr oder falsch zukommen. Es ergibt sich daraus, daß der Dichtung bzw. den Sätzen

---

[111] Siehe Fußnote 114.
[112] G. Frege, Funktion, Begriff, Bedeutung. Göttingen 1966, S. 43.

der Dichtung keine Bedeutung in diesem Sinne zukommen kann. Weil —
so Freges Beispiel — in dem Satze „Odysseus wurde tiefschlafend in
Ithaka an Land gebracht" dem Namen Odysseus keine „Bedeutung"
zukommt, kann der Satz nicht nach seinem Wahrheitswert befragt werden. Aber, so entscheidet Frege (und zwar, wie wir sehen werden, anders als heutige Auffassungen), der Kunstgenuß beim Anhören eines
Epos ist uns gerade dadurch vermittelt, daß wir die Frage nach der
Wahrheit nicht zu stellen brauchen[113].

Der Logiker hat freilich das Problem der Dichtungs- der Fiktionswahrheit nicht zu Ende gedacht. Er beantwortet z. B. die Frage nicht,
ob Sätze wie diese aus Tolstois „Krieg und Frieden" (III. Teil, Kap. II)
nach ihrem Wahrheitswert befragt werden können: „Am folgenden
Tage hielt sich der Kaiser (Alexander I.) in Wischau auf . . . In aller
Frühe des 17. wurde von den Vorposten ein französischer Offizier nach
Wischau hineingeleitet, der gebeten hatte, den russischen Kaiser sprechen zu dürfen. Dieser Offizier war Savary." Denn alle Namen, die in
ihnen vorkommen, haben „Bedeutung", sind historisch und damit durch
Realität verifizierbar. Da Frege ein solches Beispiel, also das eines
historischen Romans oder Dramas, nicht anführt, ist es zum mindesten
nicht sicher, ob er seine in bezug auf Odysseus richtige Einsicht, es sei
„uns gleichgültig, ob der Name Odysseus eine Bedeutung habe, solange
wir das Gedicht als Kunstwerk auffassen" auch auf die historischen
Namen, Daten, Ereignisse in „Krieg und Frieden" anwenden würde —
ein Problem, das in Zusammenhang mit den Auffassungen anderer
Theoretiker noch diskutiert werden wird.

Der (neben J. L. Austin) Hauptvertreter der Sprechakttheorie J. R.
Searle entscheidet in bezug auf Dichtung in gegenteiligem Sinn. Er stellt
zwei „Axiome der Referenz" auf, von denen für die Dichtung nur das
erste, das „Axiom der Existenz" in Betracht kommt. Referenz ist, wie
erwähnt, der deutlichere englische Terminus für den Fregeschen der
Bedeutung und wird dahin definiert, daß „jede erfolgreich vollzogene
Referenz die Existenz ihres Bezugsgegenstandes voraussetzt"[114]. Das
„Axiom der Existenz" lautet daher: „Alles, worauf verwiesen wird, muß
existieren."[115] Während aber Frege ein solches Existieren mit dem
Signum des Realseins versieht, und deshalb die referenzierende Bedeu-

---

[113] Ebd., S. 48.
[114] J. R. Searle, Sprechakte Frankfurt a. M. 1971, S. 239.
[115] Ebd., S. 121.

tung des Satzes die Qualität des Wahr- oder Falschseins hat, erweitert Searle — nicht unähnlich Gottscheds Verfahren mit dem Begriff der Wahrscheinlichkeit — den Begriff der Existenz, indem er ihn auch auf Erdichtetes anwendet. „Zum Axiom der Existenz stellen Verweisungen auf erdichtete (und ebenso auf sagenhafte, mythologische) Wesen keine Gegenbeispiele dar. Man kann sich gerade deswegen auf sie als erdichtete Gestalten beziehen, weil sie in der Dichtung existieren.“[116] Ein solches manipulierendes Umgehen mit dem Begriff der Existenz erlaubt es denn auch, ebenso mit dem der Wahrheit zu verfahren. Es wird die banale Feststellung gemacht, daß in der „gewöhnlichen Alltagssprache“ die Aussage „Sherlock Holmes trug eine Jagdmütze“ ebenso wenig „wahr“ sein kann wie etwa die Ausage „Sherlock Holmes kommt heute abend zum Essen zu mir“, „weil es eine solche Person niemals gegeben hat“. In der „fiktiven Form des Diskurses“ aber würde die erste Aussage wahr sein, weil „ich mich wirklich auf eine erdichtete Figur (d.h. eine Figur, die nicht existiert, die aber in der Dichtung existiert) bezöge“[117].

Die Kritik, die an diesen Behauptungen Searles zu üben ist, bezieht sich vorab auf das Verfahren, Einsichten aus vorgegebenen Definitionen (wie die Definition von Existenz durch Referenz) statt aus den Phänomenen herzuleiten. Ja, die „außerordentliche Verwirrung“, die, wie Searle kritisiert, im Hinblick auf diese Probleme in der philosophischen Literatur herrsche,[118] trifft auch auf seine Feststellungen zu. Wenn in der „fiktiven Form des Diskurses“, d.h. doch wohl im Text des Romans der Satz „Sherlock Holmes trug eine Jagdmütze“ steht, ist dieser Romansatz in meiner Aussage — „wenn ich dann sagte, Sherlock Holmes trug eine Jagdmütze“ — nicht deshalb wahr, weil „ich mich wirklich auf eine erdichtete Figur, die in der Dichtung existiert“, beziehe. Das Wahrsein dieser Aussage könnte sich höchstens auf einen so lautenden Satz oder eine sonstige Angabe im Roman beziehen, nicht aber auf die „Existenz“ der Sherlock-Holmes-Figur. Das heißt aber, „meine“ Aussage („wenn ich dann sagte...“) *verweist* nicht auf den Romansatz, sondern *wiederholt* ihn, womit das Wahrheitskriterium, die Referenz auf Existenz, hinfällig wird.

---

[116] Ebd.
[117] Ebd.
[118] Ebd., S. 124.

Das Beispiel Searles ist primitiv genug, um leicht widerlegt werden zu können. Doch ist die Frage nach der Wahrheit „fiktionaler Sätze" auch auf weit differenziertere Weise erörtert worden. So hat der amerikanische Philosoph M.C. Beardsley in seinem Werk „Aesthetics" (1958) versucht, durch verschiedene Unterscheidungen der Satzarten, aus denen in seiner Sicht ein Roman besteht, an diese Frage heranzukommen. Und es sei vorausgeschickt, daß die z.T. zugegebene Unsicherheit dieser Unterscheidungen auf einer recht undeutlichen Vorstellung des Fiktionscharakters eines Romans beruht (wie dies überhaupt die semantischen Bemühungen um die Fiktionswahrheit kennzeichnet). Beardsley unterscheidet Sätze auf der „Ebene des Berichts" (report level) und auf der „Ebene der Reflexion" (reflection level). Die Berichtsätze, und sie allein, werden wiederum eingeteilt in fiktionale und nichtfiktionale Sätze. Fiktionale Sätze sind, wie zu erwarten, solche, die Verweisungen (references) auf nichtexistierende (non existent) also fiktive Personen, Orte, Dinge enthalten,[119] während andere, geographische oder historische Fakta enthaltende Sätze nichtfiktional sind. Die Wahrheitsfrage braucht dann natürlich nur an die fiktionalen Sätze gestellt zu werden und wird dahin beantwortet, daß diese weder wahr noch falsch sind. Deshalb, weil sie zwar nicht referentiell sind — im Fregeschen Sinne keine Bedeutung haben — und also nicht wahr sein können, aber es nun auch keinen Sinn hätte, sie falsch zu nennen. Sehen wir davon ab, daß die Bezeichnung „weder wahr noch falsch" die Fehlerhaftigkeit dieser Charakterisierung von Romansätzen sichtbar macht, so ist es eine zwar tautologische, aber etwas sinnvollere Beschreibung, wenn sie als nichtaussagende oder nichtbehauptende definiert werden — tautologisch insofern als die „predications" eben durch ihr Wahr- oder Falschsein charakterisiert sind.

Durch ein merkwürdiges Beispiel wird sozusagen die Möglichkeit, daß auch fiktionale Sätze durch irgend eine Referenz wahr oder gar teilweise wahr sein könnten, beiseite geschoben. Der erste Teil von Victor Hugos Roman „Les Misérables" spielt in dem Städtchen D. „En 1815", so beginnt er, „M. Charles-François-Bienvenu Myriel était évêque de D." Dieser Umstand ist für Beardsley Anlaß zu der Feststellung: „If there is in France no such village as Digne, then in the first part of ‚Les Misérables' the sentences have no truth-value at all."[120] Daß der Buchstabe D den Ort

---

[119] M.C. Beardsley, Aesthetics. New York 1958, S. 410.
[120] Ebd. S. 414.

Digne meint, dessen Bischof Msgr de Miollis der Figur des Bischofs Myriel einige äußere Züge geliehen hat oder haben könnte, sind aber extern ermittelte Fakten[121] (was Beardsley nicht erwähnt), die als solche durch Kaschierung der Namen im Roman nicht erscheinen. Beardsleys Formulierung scheint nun aber, da sie den Ortsnamen nennt, den Sätzen des ersten Teils des Romans Wahrheitswert zuzuschreiben; denn aberkannt würde er ihnen nur dann, wenn der Ort Digne nicht existierte. Wie aber verhält es sich mit den Sätzen in den späteren Teilen des Romans, im Buch IV des zweiten Teils z. B., der den am Rande von Paris gelegenen öden Faubourg St. Marceau zum Schauplatz hat, auf dem die fiktive Figur Jean Valjean in dem zweifellos gleichfalls fiktiven baufälligen Haus Gorbeau Zuflucht sucht? Der Hinweis auf die zahllosen „realen" Schauplätze von Romanhandlungen, oder gar auf alles was unter den Begriff historischer Roman fällt, würde sich um seiner Banalität willen erübrigen, wenn er nicht ein gewichtiges Gegenargument gegen die Anwendung logisch-semantischer Wahrheitsdefinitionen und -kriterien auf die literarische Fiktion wäre. Auch die sogenannten nichtfiktionalen Sätze haben selbst dann keinen Behauptungs- und damit Wahrheitswert, wenn sie nicht mit fiktionalen in einer Passage verbunden sind, d. h. wenn historische oder geographische Fakten nicht mit fiktiven zusammen genannt werden. Denn sobald diese Sätze in der Fiktion stehen, sei es im erzählenden Bericht oder gar in der Rede der fiktiven Personen, sind sie jeglichen Erkenntniswertes entkleidet, haben sie mit Freges Ausdruck keine „Bedeutung", sind sie nicht-„referentiell" und damit nichtbehauptend. Das besagt: sie können zum Zwecke historischer oder geographischer oder auch biographischer Erkenntnis und Information nicht benutzt werden. Die noch so geschichtsgetreue Schilderung der Schlacht von Waterloo in „Les Misérables", in der keine fiktive Person des Romans auftritt, kann nicht als Information für eine historische Darstellung dienen. Deshalb nicht, weil sie, als Teil des Romans, eine bestimmte Funktion allein für die Romanhandlung und Romanwelt hat und in dieser Funktion an diese und keine andere Stelle des Romans gesetzt ist. Sie bedeutet an dieser Stelle keine historische Information und kann deshalb nicht wie ein geschichtswissenschaftlicher Text auf ihre Richtigkeit, ihre „Wahrheit" geprüft und u. U. korrigiert werden. Die Frage nach der Wahrheit, im Sinne etwa der Korrespondenztheorie, ist in bezug auf sie ebenso irrelevant

---

[121] Sie sind entnommen der Einleitung der Ausgabe von V. Hugo, Les Misérables, Paris 1967.

wie in bezug auf die fiktionalen Sätze. Das aber besagt: es gibt in der literarischen Fiktion allein fiktionale Sätze, gleichgültig ob und wieviele Realien in sie einmontiert sind oder, im Falle historischer Romane aller Art, ihr Stoff sind.

Daß die an der „Referenz" und damit letzlich an der Korrespondenztheorie sich orientierende Frage nach der Wahrheit der Fiktion sich ausschließlich an die erzählende Dichtung richtet, beruht auf dem täuschenden Erscheinungsbild des epischen Textes, eines scheinbar „aussagenden" Erzählers oder, mit dem sprechakttheoretischen Terminus, Sprechers. Die dramatische Fiktion stellt dieses Problem im Bereich der „Aussagentheorie" nicht, weil ihre Fiktivität fraglos, sozusagen absolut ist und das Dialogsystem der fiktiven Personen die Frage nach fiktionalen und nichtfiktionalen Sätzen nicht stellt. So bezieht sich denn auch der Titel eines neueren, die Aktualität dieser Problemstellung erhärtenden Buches „Fiktion und Wahrheit. Eine semantische Theorie der Literatur" von Gottfried Gabriel (1975) ausschließlich auf die erzählte Fiktion. Da dieses Buch die mir bisher bekannt gewordene einläßlichste sprachtheoretische Erörterung des Problems darstellt, bedarf es einer Diskussion zumindest der zentralen in ihm aufgestellten Begriffe und Thesen.

In sprechakttheoretischem Sinne wird der Text eines Romans (bzw. Novelle) zu einem Sprecher und zwar dem „primären Sprecher" personifiziert, jedoch da er nicht mit dem Autor und nicht einmal dem bereits von diesem abtrahierten „Erzähler" zu identifizieren ist, sozusagen impersonal personifiziert. Der primäre Sprecher ist „der Sprecher des gesamten Textes", der, wie es heißt, „von dem Sprechakt eines anderen (sekundären) berichten" [kann] (44)[122], womit offenbar die Reden der Romanfiguren, gemeint sind. Ob und wieweit es erforderlich ist, für die Unterscheidungen, die in bezug auf die Sätze des Romantextes vorgenommen werden, einen Sprecher in Anspruch zu nehmen und entsprechend den Text als „fiktionale Rede" zu bezeichnen, sei dahingestellt. Die primäre Unterscheidung, die in bezug auf die Romansätze gemacht wird, betrifft nicht, wie bei Beardsley, ihre Fiktionalität und Nichtfiktionalität, sondern ihren semantischen Charakter als „Aussage" und „Behauptung". Nun gehört im deutschen Sprachgebrauch das Wort Behauptung mehr der Umgangssprache, das Wort Aussage dagegen mehr

[122] G. Gabriel, Fiktion und Wahrheit. Stuttgart 1975. Die im Text angegebenen Seitenzahlen beziehen sich auf diese Ausgabe.

der Logik (und dem juristischen Sprachgebrauch) an. Und es ist gerade, wie im ersten Teil dieser Abhandlung dargelegt, im Zusammenhang der Aussagentheorie, daß die Attribute wahr und falsch präzisiert worden sind. Nun hat schon Beardsley an die fiktionalen Sätze den Gesichtspunkt des Behauptens (assert) gelegt und sie als nichtbehauptende charakterisiert, weil sie nicht referentiell (im oben dargelegten Sinne) sind. Gabriel nimmt diese Bezeichnung auf, aber während Beardsley zu assertion (bzw. non-assertion) keinen Gegenbegriff aufstellt, unterscheidet Gabriel von der Behauptung die Aussage, sprechakttheoretisch ausgedrückt: den Sprechakt (des primären Sprechers) des Behauptens von dem Sprechakt des Aussagens. Für die Behauptung werden eine Reihe von Bedingungen aufgestellt: die Bedingung, wahr zu sein, die Aufrichtigkeitsbedingung und die Ernsthaftigkeitsbedingung (welche letztere enthält, daß der Behauptende die Pflicht hat, seine Behauptung zu verteidigen) (45 f., 48). Wie verhält es sich mit dem Sprechakt des Aussagens? Dieser ist nur negativ oder privativ definiert, nämlich die Ernsthaftigkeitsbedingung oder die Verteidigungspflicht nicht erfüllen zu müssen (87), wobei an die Aussage vor Gericht erinnert wird.

Die sprechaktliche Beschreibung führt jedoch, wie mir scheint, zu einiger Verwirrung, zumal wenn sie nun auf die „fiktionale Rede" angewandt wird. Diese wird im Anschluß an Beardsley als „nicht-behauptende" charakterisiert, die als solche keine der Behauptungsbedingungen erfüllen muß (46), also vor allem auch die Wahrheitsbedingung nicht. „Fiktionale Literatur", heißt es, „besteht aus fiktionaler Rede und ist damit insbesondere nicht-behauptende Rede. Nicht-behauptende Rede aber wurde so definiert, daß keine der an Behauptungen zu stellenden Bedingungen erfüllt sein muß, d.h. insbesondere nicht die Bedingung 1, nämlich wahr zu sein. Hieraus ergibt sich zunächst, daß ein Wahrheitsanspruch mit fiktionaler Literatur nicht verbunden sein muß" (87). Aber der Vorbehalt des „zunächst" ist bereits früher vorgegeben worden, und zwar durch die einigermaßen unvermittelte Feststellung, daß es die Funktion der Literatur sei, „wahre Aussagen zu machen" (74)[123]. So wird denn allein aus dieser Behauptung des Verfassers, die pseudologische, tautologische Folgerung gezogen: „Sofern Literatur jedoch Wahrheitsanspruch erhebt ... ist dieser Anspruch

---

[123] Die andere Funktion der Literatur sei, „Gefühle und Einstellungen zu vermitteln" (74).

nicht wiederzugeben als Anspruch, wahre Behauptungen aufzustellen, sondern als Anspruch, wahre Aussagen zu machen" (87). Es zeigt sich bereits in diesen Definitionen, daß mit dem Begriff „wahr" recht willkürlich verfahren wird. Das Wahrsein von Behauptungen, das durch die Referenzialität bestimmt ist, ist offenbar etwas anderes als das Wahrsein von Aussagen. Da überdies Aussage ausschließlich dadurch definiert ist, daß sie nicht wie die Behauptung verteidigt zu werden braucht, ist nicht leicht ersichtlich, wie sich die Aussagenhaftigkeit eines Romansatzes ausnehmen könnte und woran seine Wahrheit festzustellen wäre. Gabriel ist der Meinung, durch die Unterscheidung von Behauptungen und Aussagen den Wahrheitsanspruch der (fiktionalen) Literatur „sinnvoll festmachen" und ihn von dem der Wissenschaft unterscheiden zu können (ebd.). Dazu werden dann weitere Unterscheidungen nötig, und zwar die wiederum von Beardsley übernommenen des Sprechens auf der Ebene des Berichts und auf der Ebene der Reflexion (89). Unter Bericht rangiert alles, was sich auf die fiktionalen Belange bezieht, nicht nur der eigentlich berichtende Teil des Textes, auch das Dialogsystem der fiktiven Personen, unter Reflexion aber „Beurteilungen und Normen meist genereller Art, unter anderem generalisierende Beurteilungen des auf der Ebene des Berichts Erzählten" (92), mit anderen Worten der Kommentar des „primären Sprechers". Für den Anspruch der Literatur, wahre Aussagen zu machen, ist natürlich nur die Ebene der Reflexion zuständig. Obwohl erklärt worden war, daß fiktionale Rede nicht-behauptende Rede sei, wird für die fiktionale Rede auf der Ebene der Reflexion eine Ausnahme gemacht: von den auf ihr gemachten Aussagen wird erwartet, daß sie die Aufrichtigkeitsbedingung der Behauptung erfüllen müssen, nicht aber die Ernsthaftigkeitsbedingung (93). Das heißt: der primäre Sprecher braucht seine aufrichtig gemeinte Reflexion nicht zu verteidigen. Wie sollte er es auch, da der „Sprecher" ja nur als Romantext vorhanden ist und es denn auch ausdrücklich heißt, daß die Reflexionsaussagen „nicht einfach als Aussagen des Autors angesehen werden dürfen" (ebd.). Die Frage, wie die Aufrichtigkeit der Reflexionsaussagen zu prüfen wäre, wird nicht beantwortet. Sondern durch diese Unterscheidungen meint der Verfasser, „endgültig der Rede vom Wahrheitsanspruch der Literatur einen Sinn geben zu können" und formuliert als Resultat: „Ein Wahrheitsanspruch fiktionaler Literatur liegt genau dann vor, wenn sich durch Interpretation (mindestens) eine Aussage des primären Sprechers auf der Ebene der Reflexion ausfindig machen läßt" (94). Der Zusatz „durch In-

terpretation" bezieht sich darauf, daß auf der Ebene der Reflexion zwei
Sorten von Aussagen gemacht werden können, explizite und implizite,
letztere auch kontextual implizite oder Kontextimplikationen genannt,
was nun nichts anderes besagt, als daß der Text einen in ihm nicht for-
mulierten Sinn enthält, der herauszuinterpretieren ist, eine „These", wie
Gabriel das im Anschluß an Beardsley nennt. Und er beschließt den
durch die Behauptung, daß fiktionale Literatur wahre Aussagen zu machen habe, eingeleiteten Zirkel seiner Darlegungen mit der Feststellung:
„Ein Werk, das auf Grund einer These (oder mehrerer sich nicht wider-
sprechender Thesen) Wahrheitsanspruch erhebt, stellt keine Behauptung auf, aber es macht eine Aussage" (95).

Der Begriff der These, der hier sozusagen den der Aussage durch-
kreuzt, aber ist geeignet, Verwirrung in den Sinn des „Wahrheitsanspruchs" zu bringen, den das fiktionale Werk soll erheben können.
Denn wenn mit Aussage als „Aussage des primären Sprechers" ein arti-
kulierter Satz des Textes gemeint zu sein scheint und es ausdrücklich
heißt, daß ein Wahrheitsanspruch dann vorliegt, wenn eine solche Aussage „auf der Ebene der Reflexion" ausfindig gemacht werden kann, ist
die mit dem Zusatz „durch Interpretation" eingeführte „These" offen-
sichtlich Sache des Interpreten, ein von ihm dem Text zu entnehmen-
der, ja aus ihm abstrahierter Sinn.[124] Dies bestätigt sich durch das Beispiel, das Gabriel bringt, nämlich die Hemingways Erzählung „Der alte
Mann und das Meer" entnommene These, „menschliches Bemühen" sei
„vergeblich" (99). Diese These[125] ist also keine Aussage des primären

---

[124] In jedem Fall kommt die als These bezeichnete Aussage oder umgekehrt
in der Formulierung „Das Werk macht eine Aussage" der in der deutschen Kunstbetrachtung in Gebrauch gekommenen Bedeutung von Aussage im Sinne von Anliegen, Bekenntnis u.ä. bedenklich nahe.

[125] Der Begriff „These" geht auf Beardsley zurück, der eine Unterscheidung
von These und Thema vorgenommen hat, worin Gabriel ihm folgt. „The-
sis" scheint dabei den aus dem literarischen Werk herausinterpretierten
Sinngehalt zu bedeuten, der wahr oder falsch sein kann, „something about,
or in, the work that can be true or false" (a.a.O., S. 403), „Theme" dagegen eine subjektive, auf den Begriff gebrachte Meditation des Interpreten —
„something named by an abstract noun or phrase: the futility of war, the
mutability of joy ..." (in bezug auf Tolstois „Krieg und Frieden"), etwas
über das nachgedacht, aber das nicht als wahr oder falsch bezeichnet werden könne (something that can be thought about, but not something that
can be called true or false", ebd.) (Daß, in Parenthese, die Bezeichnung
„wahr" für die These durch „richtig", nämlich richtige Interpretation,

Sprechers auf der Ebene der Reflexion — denn in Hemingways Erzählung kommt dieser Satz natürlich nicht vor —, sondern eine Deutung des Lesers, dem die Aufgabe zuerteilt wird, den „im literarischen Werk nicht eingelösten Wahrheitsanspruch" einzulösen, wenigstens ihn „zu beurteilen provoziert wird" (45).[126]

Aber sehen wir von diesen rein definitorisch gesteuerten Feststellungen und ihren Bedeutungsschwankungen ab. Zu konstatieren ist, so scheint mir, daß überhaupt dem sprechakttheoretisch definierten Wahrheitsbegriff und seiner Anwendung auf erzählende Dichtung eine grundsätzliche Verkennung des fiktionalen Erzählphänomens zugrundeliegt. Bereits das Erscheinungsbild, das die Gesamtheit eines Romantextes bildet, macht die Frage irrelevant, ob wir es mit behauptenden oder nichtbehauptenden Sätzen, Sätzen mit Wahrheitsanspruch und Sätzen ohne Wahrheitsanspruch zu tun haben. Denn in je nach Epochen- und Individualstil unterschiedlicher Weise fließt dieses Erzählen zusammen aus Bericht, Dialog, Monolog, direkter und indirekter Redeform, wobei auch der Bericht (auch nur einer Er-erzählung) aus Satzformen verschiedener Art, grammatischen Behauptungssätzen, Frage- und Ausrufesätzen bestehen kann. Und eben weil dieses Erscheinungsbild, eine fluktuierende Erzählfunktion[127], die Vorstellung davon, daß diese Sätze Behauptungen, die Frage, ob sie Behauptungen oder Aussagen sind, gar

ersetzt werden müßte, ist eine kleine Bestätigung für unsere oben dargelegte Kritik am Begriff der Urteilswahrheit.) Gabriel bezeichnet dagegen die Umformung einer von ihm mit Aussage identifizierten These von der Form „Alles menschliche Bemühen ist vergeblich" in „Vergeblichkeit alles menschlichen Bemühens" als Thema von Hemingways Erzählung (S.99). Daß aber die prädikative Form etwas anderes bezeichnet als die substantivische, scheint wenig überzeugend.

[126] Ohne semantische Apparatur vertritt auch ein kleiner Aufsatz von Morris Weitz „Truth in Literature" (Revue internationale de Philosophie IX (1955), S. 116–129) die Meinung, daß ein „truth-claim" eines Romans auch ohne Kommentar des Autors vorliegen kann und formuliert für Tolstois „Anna Karenina" und Dostojewskijs „Brüder Karamasoff" zusammen(!) den folgenden truth-claim: „What is being proclaimed, and is one aspect of thema as novels is the truth that human life is too complex, too inexhaustly variegated, ever to be reduced to a singular formula." — Für den Umgang mit dem Begriff „Wahrheit in Literatur" dürfte diese Feststellung kommentarlos zeugen.

[127] Zu Begriff und Beschreibung der fluktuierenden Erzählfunktion vgl. mein Buch „Die Logik der Dichtung" (jetzt 3. Auflage 1977).

nicht erweckt, ist auch die Negation, daß sie nichtbehauptend und gar aus diesem Grunde nicht „wahr" seien, eine inadäquate Feststellung. Aber nehmen wir die Unterscheidung Beardsleys von fiktionalen und nichtfiktionalen Sätzen, und vor allem die von Gabriel definierte „Aussage des primären Sprechers auf der Ebene der Reflexion" als den Wahrheitsanspruch des Werkes begründend beim Wort und prüfen wenigstens stichwortartig einen Romantext, der reich an solchen Sätzen ist.

Der Satz, mit dem Tolstois „Anna Karenina" beginnt, dürfte wohl als eine Aussage des primären Sprechers auf der Ebene der Reflexion bezeichnet werden können: „Alle glücklichen Familien gleichen einander, jede unglückliche Familie dagegen ist unglücklich auf ihre besondere Art." Auf diesen Satz folgen die Sätze, die die Zustände in der Familie Oblonskij beschreiben: „Alles ging drunter und drüber im Hause Oblonskij. Die Frau war dahinter gekommen, daß ihr Gatte mit einer Französin, die früher bei ihnen Gouvernante gewesen war, ein Verhältnis unterhielt ..." Eigentümlich genug weist sich nun gerade der „reflektorische", etwas Allgemeines zum Ausdruck bringende Satz als ein Romansatz aus, noch nicht deshalb, weil mit ihm ein Roman beginnt, sondern weil er niemals an einer solchen Stelle, in einem solchen Kontext stehen würde, wenn die auf ihn folgenden Sätze keine Romansätze, sondern Sätze eines Realberichts wären (was sie in diesem Falle ihrer grammatischen Struktur nach sein könnten). Gerade diese auf die Umstände der Romanpersonen gemünzte Reflexion wäre ohne diese sinnlos, weil sie den besonderen Fall der — mehr oder weniger ironisch — als unglücklich bezeichneten Familie Oblonskij eröffnet, möglicherweise es auch schon auf die zweite unglückliche Familie des Romans, die Karenins, absieht. Worauf es aber vor allem ankommt: hat dieser Satz den Anspruch, eine wahre Aussage zu sein bzw. einen Wahrheitsanspruch zu begründen, nur weil er die Aussage des „primären Sprechers" und nicht die eines sekundären, d. h. einer Romanperson, ist? Ist er deshalb wahrer, erhebt er größeren Wahrheitsanspruch als der Satz „Jedes Mitglied der Gesellschaft ist dazu berufen, die ihm zugefallene Aufgabe zu lösen", den Lewins Bruder Sergej Iwanowitsch im Rahmen einer Diskussion ausspricht? Wie denn der erste Satz ebensogut ein „szenischer" oder „fiktionaler" Satz, der Satz einer Romanperson sein könnte und wiederum der zweite dem berichtenden Teil angehören, der Satz des primären Sprechers sein könnte. Sie würden dann der sprechakttheoretischen Definition zufolge ihren Wahrheitsanspruch austauschen, der Gesellschaftssatz ihn erheben, der Familiensatz ihn nicht erheben.

Es zeigt sich an diesem Beispiel, das wir wohl als paradigmatisch für das Erscheinungsbild aller erzählenden Dichtung auffassen dürfen, daß formal begründete Wahrheitsbestimmungen eben dies, die Wahrseinsqualität, nicht erfassen. Beide „Anna Karenina"-Sätze lesen wir als Meinungen, als Aussprüche, wenn man will, und interpretieren sie in Hinsicht auf den Stellenwert, den sie im Roman und für die Romanpersonen haben. Wollten wir sie unter dem Gesichtspunkt ihrer „Wahrheit" rezipieren, würden wir besonders im Fall des Familiensatzes Zweifel an ihrer Wahrheit anmelden können, da nicht ganz einsehbar ist und nicht nachgewiesen werden kann, daß alle glücklichen Familien einander gleichen, und es wiederum als eine Selbstverständlichkeit kritisiert werden könnte, daß alle unglücklichen Familien auf ihre besondere Art unglücklich sind. Aber sie stehen im Roman nicht als wahre Aussagen, nicht als Thesen, auf Grund derer der Roman Wahrheitsanspruch erheben kann, sondern höchstens als „allgemeine Wahrheiten". Sätze wie „menschliches Bemühen ist vergeblich" oder die „geflügelten Worte", die unseren Klassikern, meist den Dramen, entstammen, Sprichwörter, Aphorismen u. dgl. m. sprechen allgemeine Wahrheiten aus. Wahrheit aber in Plural, oder mit dem unbestimmten Artikel (eine Wahrheit) gesetzt, ist nichts als ein Name für ein aus irgendwelchen Erfahrungen, Beobachtungen, Erkenntnissen abgeleitetes allgemeines oder besser diese Erfahrungen verallgemeinerndes Resultat. Sätze dieser Art sind Bestandteile der (gehobenen) Sprache überhaupt, Sätze, die überall auf der „Ebene der Reflexion" gesprochen werden und nicht deshalb, weil sie in einem fiktionalen Text, und zwar einem erzählenden, Sätze des „primären Sprechers" (d. h. nicht die einer Romanperson) sind, einen Wahrheitsanspruch des Romans begründen. Wobei sich die Frage stellt, ob Dramen wegen Fehlens eines primären Sprechers von diesem Anspruch überhaupt ausgeschlossen sind? — Der hier waltende Formalismus tritt in solcher Fragestellung hervor. Weil nicht alle Romansätze Redesätze der fiktiven Personen oder als Sätze des Erzählers auf sie bezogen sind, werden sie mit außerfiktionalen Sätzen gleichgesetzt und sei es als Behauptung oder Aussage, mit Wahrheitsqualität versehen.[128]

---

[128] Hierüber schwanken freilich die Meinungen. So sind für Beardsley, der in Hinsicht auf die Sätze der fiktionalen Dichtung besonders unsicher ist, zwar die Sätze auf der Reflexionsebene „asserted" und damit wahr oder falsch, weil sie nichtfiktional sind. Dennoch gibt er zu, daß „even the reflective predications of a literary work are unasserted, they are part of the story in a broad sense, or part of the act" (a. a. O. S. 422).

Allgemeiner ausgedrückt ergeben sich die Schwierigkeiten der semantisch orientierten Theorien oder auch nur Diskussionen über die Wahrheit der literarischen Fiktion, und zwar nahezu ausschließlich der epischen, nicht allein daraus, daß die Sätze, aus denen sie besteht und die in ihr, im Unterschied zur dramatischen, verschiedene Funktionen haben, auf ihren Wahrheitsgehalt befragt werden. Diese Schwierigkeiten erwachsen auch aus dem undefinierten Wahrheitsbegriff selbst, der dabei eingesetzt und vorausgesetzt wird, wie es sich gerade in der Aufstellung eines „Wahrheitsanspruchs" zeigt.

Bevor die hiermit angedeutete Frage nach dem Sinn der auf die Dichtung bezogenen Wahrheitsbegriffe, und weiterhin der Kunstwahrheit überhaupt, zusammenfassend und prinzipiell erörtert wird, soll noch ein Blick auf die nichtfiktionale Dichtung, die Lyrik, geworfen werden, die für diese Problematik weit weniger ergiebig ist.

Wahrheit des Gedichts

Es ist gewiß kein Zufall, daß die Zuschreibung dichterischer Wahrheit sich selten auf das Gebiet der Lyrik bezieht. Und dies, obwohl die direkte „Aussage", das wie immer auch metaphorisch verhüllte, mehr oder weniger „dunkle" *Sagen* eines lyrischen Ich die Frage nach der Wahrheit dessen, was hier gesagt ist, natürlicher, angemessener erscheinen lassen könnte als die an eine fiktionale Dichtung gestellte Wahrheitsfrage. Gerade aber weil lyrische Dichtung sagende Dichtung ist, scheint in bezug auf sie die Wahrheitskategorie eher vermieden zu werden. Denn weil sie anders als im fiktionalen Bereich in die Nähe der Aussagewahrheit gelangen könnte, erscheint sie ungemäß als Kriterium oder Wertmaßstab eines Gedichts, würde sie das Gedicht als ästhetisches Gebilde verkennen und vernichten. „Wir werden gleichzeitig — das ist unausweichlich — von gegenständlich gemeinten und verstehbaren Aussagen zur Welt hingelenkt; im selben Augenblick aber reißt uns etwas wieder zurück, die Gegenstandsvermeinung wird zerstört, und wir wissen: all dies ist nur wortgetragen, ein Sein zweiter Potenz", heißt es in dem schönen Buch „Die absolute Dichtung" von Michael Landmann[129], und absolute Dichtung stellt sich rein nur im Gedicht dar. Der

---

[129] M. Landmann, Die absolute Dichtung. Stuttgart 1963, S. 117.

zitierte Satz steht in dem Abschnitt „Dichterische Wahrheit". Und nun ist wiederum zu beobachten, wie wenig faßbar dieser Begriff ist und denn auch widersprüchlich bestimmt oder eingesetzt wird. Daß dichterische Wahrheit Wahrheit der Form sei, ja „versgebunden bleibt", ist nicht dieselbe Erfahrung dichterischer Wahrheit wie die so bestimmte: daß „die dichterische Fügung ... wie eine Sonde (ist), durch die wir die Tiefe einer sonst unzugänglichen, subtileren Wahrheit erloten"[130]. Die „subtilere Wahrheit" — subtiler nämlich als die der „Wirklichkeit", der „die dichterische Fügung die Maske herunterreißt" — ist die Wahrheit eines Sinnes und nicht dasselbe wie die Wahrheit der Form. Die Identität von Sinn und Form, die das Gedicht ist (sofern es ein vollendetes Kunstwerk ist), mag diesen unterschiedlichen Wahrheitsbestimmungen zugrunde liegen. Eben dies läßt erkennen, daß dichterische Wahrheit als ein nicht etwa poetologischer, sondern selbst poetischer ja nahezu metaphorischer Begriff eingesetzt wird, mit dem dichterische Erlebnisqualitäten, und zwar verschiedener Art, solche der Form und solche des Sinnes, benannt werden. Wie denn die Rede von dichterischer Wahrheit nur im Rahmen allgemeiner Betrachtungen auftritt, aber zum Instrument der Interpretation nicht dienen kann.

Wenn Adorno sich mit einem lyrischen Werk, einigen Gedichten des späten Hölderlin, befaßt, so erscheinen im Vorraum der Untersuchung die Adornos poetologischem Credo erwachsenen Begriffe Wahrheit und Wahrheitsgehalt: „Was in den Dichtungen sich entfaltet und sichtbar wird, ist nichts anderes als die objektiv in ihnen erscheinende Wahrheit, welche die subjektive Intention als gleichgültig unter sich läßt und verzehrt."[131] Und obwohl gerade in dieser Hinsicht Dichtungen zugeschrieben wird, daß „worauf diese zielen und worauf Philosophie zielt, das Gleiche [ist], der Wahrheitsgehalt"[132], wird in Polemik gegen Heideggers seinsphilosophische Auslegung Hölderlins an sich mit Recht abgelehnt, daß diesen Wahrheitsgehalt „eine ihn beschlagnahmende Philosophie ... zutage fördern könne"[133]. *Die* Philosophie nun aber, deren „die Hölderlinsche Dichtung, gleich jeder nachdrücklichen, ... als des Mediums bedarf, das ihren Wahrheitsgehalt zutage fördert"[134], bleibt ebenso wie

130 Ebd., S. 109.
131 Th. W. Adorno, Parataxis. In: Noten zur Literatur III, Frankfurt a. M. 1966, S. 158.
132 Ebd., S. 160.
133 Ebd., S. 162.
134 Ebd.,

der Sinn dieses Wahrheitsgehalts undefiniert und dürfte auf nichts anderes als auf ein Verfahren der Auslegung hinauskommen, das den Bedeutungsgehalt nicht von der poetischen Form löst. „Das ästhetische Medium des Wahrheitsgehalts", heißt dies in Adornos Terminologie, dürfe nicht „eskamotiert" werden[135]. Es sei hier nur angedeutet und auf die noch zu beantwortende Frage vorgewiesen, daß und warum die schlichte und freilich traditionellere Rede von dem Bedeutungsgehalt eines Gedichts den Vorzug vor dem ebenso anspruchsvollen wie unbestimmten Begriff des Wahrheitsgehalts verdient. So verstummt denn auch in den weiteren, über die Polemik hinausgehenden Ausführungen Adornos zur Wesensart von Hölderlins später Dichtung, wie die Beobachtung der parataktischen Struktur, der Aufweis geschichtsphilosophischer Konzeptionen usw. die Rede vom Wahrheitsgehalt ganz.

Es hat, wie gesagt, seine Gründe, daß seltener als die fiktionale Dichtung, die lyrische ins Blickfeld rückt, wenn Dichtungswahrheit zur Rede steht. Die Gefahr, eine ästhetisch gemeinte Wahrheit mit einer ethisch-gesinnungsmäßigen zu verwechseln oder zu vermischen, liegt hier näher als bei einem Roman oder Drama, weil das Gedicht durch ein lyrisches Ich konstituiert ist, ein „unmittelbar" sagendes Ich, gleichgültig ob es mit dem des Dichters identisch gesetzt wird oder nicht. Recht deutlich läßt dies z.B. eine (schon zitierte) unmutige Kritik von Rilkes Jugendlyrik erkennen. Da wird dem Gedicht „Vor lauter Lauschen und Staunen sei still/ du mein tieftiefes Leben" „triefende Unwahrheit" bescheinigt. „Man muß vielleicht", fährt der Kritiker fort, „viel Unwahres in sich haben, . . . um das empfindlichste Gefühl für Wahrheit zu gewinnen"[136]. Diese etwas zweifelhafte Hypothese sei hier nicht diskutiert, so wenig wie die Berechtigung der Kritik selbst. Aber ob das Unwahre, das der junge Rilke „in sich haben" sollte, als eine Sache seines Charakters oder nur seines ästhetischen Geschmacks angeprangert wird, kann eben dem so eingesetzten Begriff des Unwahren nicht entnommen werden.

Wenn auch dieses Werturteil sich nur auf ein Gedicht bezieht, so kann doch gerade die saloppe Äußerung zum Paradigma für den Gebrauch der ästhetischen Wahrheitskategorie überhaupt dienen. Diese emotionale, geschmäcklerische Anwendung des Wahrheitsbegriffs als

---

[135] Ebd., S. 165.
[136] R. Hartung, Versuch über Rilke. In: Neue Rundschau, 87. Jahrg. H. 1 (1976), S. 58.

ästhetisches Wertkriterium ist prinzipiell nicht anderer Art als die auf der Höhe philosophischer Argumentation oder Meditation eingesetzten Wahrheitsbenennungen. Wenn auch in unsere, die Texte selbst zu Wort kommenlassende Darstellung der Theorien und mehr oder weniger ausgeführten Meinungen überall der Zweifel an ihrer Haltbarkeit eingegangen ist, so gilt es doch nun, diesem Zweifel eine exakte Grundlage zu geben. Es gilt, kurz gesagt die Aporie, die der Begriff der ästhetischen Wahrheit enthält, sichtbar zu machen.

Zu diesem Zwecke muß noch einmal der Wahrheitsbegriff als solcher ins Auge gefaßt werden. Das heißt: aus den Darlegungen der Wahrheitstheorien im ersten Kapitel dieser Schrift soll nochmals die Quintessenz gezogen und darüber hinaus das, was als Struktur des Wahrheits- und Wahrseinsphänomens bezeichnet wurde, genauer herauszustellen versucht werden.

Ästhetische Wahrheit — eine Aporie

„Die Wahrheit selbst" — fortgeführte Strukturanalyse

Von Gottlob Frege stammt, wie schon zitiert, die Überlegung, daß „die Bedeutung des Wortes ‚wahr' ganz einzigartig zu sein scheint". Diese Einzigartigkeit resultiert für ihn aus der skeptisch gestellten Frage, ob „Wahrheit in üblicher Weise als Eigenschaft zu bezeichnen sei"[137]. Daß Wahrheit in der Tat keine Eigenschaft bezeichnet, hat freilich seinen — bei Frege nicht scharf erfaßten — Grund, der die eigentliche Ursache für die Einzigartigkeit des Wahrheitsbegriffs ist. Er ist in dem Satze Augustins „verum mihi videtur esse id quod est" angegeben, dessen „est" oben diskutiert und zu dem Begriff des „der-Fall-seins" erweitert wurde.

Die eigentümliche Strenge nun, der Forderungscharakter, der dem Wahrheitsbegriff innewohnt und ihn von allen anderen sowohl wertfreien wie wertbezeichnenden Begriffen unterscheidet, beruht sozusagen auf der Forderung, die er selbst erfüllen muß, um seinem Bedeutungsgehalt gerecht zu werden: nichts anderes zu bezeichnen als das was „ist". Aber „bezeichnen" ist hier insofern ein nicht ganz adäquates Verb, als im Grunde nur die *Identität* der Begriffe „wahr sein" und „Wahrheit" mit dem jeweiligen „der-Fall-sein" gemeint ist. Die oben dargelegte Redundanztheorie hat diesen Umstand bedacht, dem vor ihr auch Frege schon Rechnung getragen hatte. Sein bereits zitiertes Beispiel „Der Satz ‚ich rieche Veilchenduft' hat doch wohl denselben Inhalt wie der Satz ‚es ist wahr, daß ich Veilchenduft riehe,"[138] läßt deutlich erkennen, daß der Ausdruck „es ist wahr" nicht die Tatsache *bezeichnet*, daß ich Veilchenduft rieche, sondern mit ihr identisch ist und eben deshalb, wie die Redundanztheoretiker feststellen, eliminiert werden kann. Er hat, wie hinzugefügt werden kann, nur dann eine Funktion, wenn eine Tatsache besonders unterstrichen oder in Frage gestellt wird: es ist wirklich wahr, ist es wirklich wahr? So meint die Rede „Die Wahrheit kommt ans Licht" im Grunde nicht, daß die Wahrheit, sondern das, was der Fall ist (oder war), ans Licht kommt. Der im metaphysischen Denken hergestellte Bezug der Wahrheit zum „Sein des Seienden" —

---

[137] G. Frege, Log. Unters., a.a.O., S. 32.
[138] Ebd., S. 34.

„Metaphysik ist ... als die Wahrheit des Seienden als solchen gedacht"[139] — ist ein Ausdruck dieses Identitätsverhältnisses.

Aus diesem Verhältnis, der Identität des Wahrseins mit dem was der Fall ist, ergeben sich eine Reihe von Wesens- oder Strukturelementen des Wahr- und Wahrheitsbegriffes, die, soweit ich sehe, in die Wahrheitstheorien bisher nicht eingegangen sind. Sie aber sind es, die, wie mir scheint, die von Frege bemerkte Einzigartigkeit des Wortes wahr begründen und damit zugleich Wahrheit als eine Kategorie der Realität oder besser der Faktizität noch deutlicher erkennbar werden lassen. Diese Elemente können leichter an der im Sprachgebrauch kleinen und deshalb gängigeren Münze des Adjektivs „wahr" als an dem Substantiv „Wahrheit", das leicht die Aura der Idee annimmt, aufgezeigt werden. Das besagt jedoch nicht, daß die Struktur des Wahrbegriffs nicht auch auf die des Wahrheitsbegriffs zuträfe.

Der von Frege bemerkte Charakter der Nichtattributivität (d. i. keine Eigenschaft zu sein) des Wahrbegriffes resultiert unmittelbar aus der Identität von wahr- und der-Fall-sein. Daß „wahr" kein Eigenschaftswort ist, kann auch so ausgedrückt werden, daß es keinen Bezeichnungscharakter hat wie alle anderen Attribute (wenn man Attribut als grammatischen Terminus für die Wortart, unter die auch das Wort „wahr" fällt, nicht als qualitativen Ausdruck versteht). Denn überall dort, wo der Sprachgebrauch das Wort „wahr" im Sinne einer eigenschaftlichen Bezeichnung verwendet, von einer wahren Begebenheit, einem wahren Wort z. B. redet, geschieht das in einem — wohlverstanden, durchaus verständlichen und zulässigen — aber semantisch uneigentlichen Sinn. Mit einer wahren Begebenheit ist eine wirkliche Begebenheit gemeint; im Ausdruck „ein wahres Wort" steht „wahr" etwa für „überzeugend". Daß aber „wahr" keinen Bezeichnungscharakter hat, wird dadurch deutlich, daß es keinen Beurteilungs- oder Wertungssinn hat. Das haben gewiß auch andere Attribute nicht, u. a. alle dingbeschreibend-feststellenden wie z. B. „Der Tisch ist rund". Zu vergleichen sind Attribute nichtdinglichen Bezeichnungscharakters auf der Ebene des Attributs wahr. Als exemplarisch bieten sich dafür die Attribute gut und schön an, besonders deshalb weil sie vor allem in substantivierter Form als das Gute und das Schöne traditionell und klischeehaft dem Wahren gleichwertig zugeordnet zu werden pflegen. Die Attribute gut und schön haben Beurteilungssinn, um hier nur eine neutralere, gewissermaßen

---

[139] M. Heidegger, Nietzsches Wort „Gott ist tot". In: Holzwege, S. 193.

objektivere Schicht ihrer Bedeutungsstruktur als die des Wertungssinns hervorzuheben. Denn den Beurteilungssinn haben sie mit anderen Attributen wie z. B. „glücklich", „begabt", „geeignet" gemeinsam, die nicht auch schon bewertenden Sinn haben. Mit dem Beurteilungssinn ist ein weiteres Element der Bedeutungsstruktur mitgegeben: die Relativität. „Gut" und „schön" haben die Struktur der Relativität. Sie sind relativ auch als traditionelle Leitbegriffe der Ethik bzw. der Ästhetik, und sofern sie nicht zu Ideen verabsolutiert werden — was denn auch außer Gebrauch gekommen ist — unterliegen sie dem Wandel des Geschmacks im weitesten Sinne, dem Wandel letztlich, der sich in der Auffassung des Menschen und der Gesellschaft vollzogen hat und vollzieht. Sie sind relativ auch im Beurteilungs- und Anwendungsbereich des einzelnen Individuums. Was dem einen gut oder schön erscheint, braucht es für den anderen nicht zu tun. Selbst die ethische Eigenschaft des Gutseins, die mehr als die ästhetische des Schönseins bestimmte allgemein anerkannte Charakteristika und Verhaltensweisen kennzeichnet, ist der Relativität nicht enthoben; denn sie manifestiert sich in als gut bezeichneten Individuen, derart, daß „le bon roi René" im 16. Jahrhundert auf eine andere Weise gut war als der „gute Papst Johannes XXIII." im 20. Jahrhundert. Das Wort „wahr" hat dagegen keinen Bezeichnungs-und damit auch keinen Beurteilungscharakter, was sich, wie gesagt, aus der Identität mit dem, was der Fall ist, ergibt. Und es braucht kaum noch hervorgehoben zu werden, daß es damit auch nicht die Struktur der Relativität hat. Von einem mehr oder weniger wahr kann nicht gesprochen, die Komparation nicht auf das Attribut wahr angewendet werden. „Die Wahrheit verträgt kein Mehr oder Minder."[140]

Mit der Nichtrelativität hängt die Nichtsubjektivität des Wahrbegriffs zusammen. Diese Feststellung ist besonders geeignet, auf Widerspruch zu stoßen. Denn sie richtet sich gegen jenen weitverbreiteten Gebrauch von „wahr" und mehr noch von „Wahrheit", von dem wir in den voraufgehenden Darlegungen eine Fülle von Zeugnissen angeführt und diskutiert haben. Doch wenn für den einen etwas gut und schön sein kann, was es für den anderen nicht ist, so widersetzt sich das Wort „wahr" solcher Relativität und Subjektivität. Es gibt etwas „nur" subjektiv Wahres nicht. Das in solcher Rede als wahr Bezeichnete meint nichts als ein jeweiliges Überzeugtsein von etwas, eine Erlebnisqualität, die immer nur subjektiven Charakters ist.

---

[140] Frege, a. a. O., S. 32.

Diese Momente, die über Freges Feststellung der Nichtattributivität des Wahr- und Wahrheitsbegriffs hinaus seine Einzigartigkeit begründen, tun dies jedoch noch nicht in völlig erschöpfender Weise. Sie gehen hervor aus der Grundstruktur dieses Begriffs, identisch zu sein mit dem, was der Fall ist. Diese Identitätsstruktur selbst aber enthält weitere, noch tiefer gelagerte Wesenselemente, die der Einzigartigkeit des Wahrbegriffs noch weitere Aspekte hinzufügen. Dabei stoßen wir auf ein eigentümliches Paradox, das in dieser Art, soweit ich sehe, keinem anderen Begriff oder, wie wir jetzt auch sagen können, durch ihn bezeichnetem Phänomen zukommt. Dies Paradox besteht darin, daß der Wahrheitsbegriff zugleich den Aspekt des Konkreten und des Abstrakten aufweist, und dies nicht in der Weise, wie es jeder Begriff qua Begriff tut, als welcher er auch als Konkretes bezeichnender ein Abstraktum ist. Sondern der Begriff Wahrheit selbst, d.h. der durch ihn bezeichnete Sinn Wahrheit, weist diese paradoxe Konstellation seiner Strukturelemente auf. Indem „wahr" und „Wahrheit" Ausdruck ist für das, was der Fall ist, hat der Wahrheitsbegriff den unabdinglichen Aspekt der Faktizität, den wir sein konkretes Strukturelement nennen können. Selbst wenn er auf metaphysischer, vor allem religiöser Ebene eingesetzt wird, die Wahrheit Gottes aufgerufen wird, ist das Moment der Faktizität darin enthalten, nämlich, wie oben darzulegen versucht wurde, als die Wahrheit von Gottes Sein. Wir dürfen so weit gehen, festzustellen, daß ohne das Moment der Faktizität Wahrheit ein sinnleerer Begriff wäre, d.h. daß er allein durch das Moment der Faktizität konstituiert ist. Dies ist nur eine andere Formulierung der Identität von wahr- und der-Fall-sein, und zwar mit dem was *jeweils* der Fall ist (oder war). Wenn wir zu der bisherigen Formulierung der Identitätsstruktur das Adverb „jeweils" hinzufügen, so unterstreicht das nicht nur den Aspekt der Faktizität, sondern soll auch dem Wahrheitsbegriff etwas zuschreiben, ja „antun", was angesichts aller philosophisch-metaphysischen Wahrheitstheorien und Wahrheitsnennungen sich ketzerisch ausnehmen dürfte. Wahrheit als das, was jeweils der Fall ist, bedeutet, daß Wahrheit niemals Wahrheit an sich sein kann. Es wäre unstimmig zu sagen, sie manifestiere sich nur an dem je einzelnen, jeweiligen der-Fall-sein. Denn ebensowenig wie sie dies bezeichnet, manifestiert sie sich darin. Sondern eben weil das Verhältnis, das hier besteht, das einer Identität ist, „wahr" letzlich nur ein anderes Wort ist für das, was der Fall ist, „existiert" Wahrheit nicht als eine absolute, im Wortsinne „losgelöste", Wesenheit, Idee oder Instanz, die sich manifestieren oder gar

Heideggerisch „entbergen" könnte. Ist es in diesem Zusammenhang erlaubt, Einspruch gegen die traditionelle Zuordnung von Wahrheit zu Erkenntnis zu erheben? Erweist sie sich nicht gerade in diesem Bereich als ein leeres Wort? Denn nicht um Erkenntnis von Wahrheit bemüht sich der Forscher, sei es im Gebiet der Natur- oder der Geisteswissenschaften, sondern um Erkenntnis dieser und jener Gesetze, Fakten, Zusammenhänge, kurz, was es an Forschungsgegenständen nur immer geben mag. Und wenn sich ein Forschungsresultat als falsch, als Irrtum herausstellt, so würde er kaum diesen Irrtum als Gegensatz der Wahrheit bezeichnen, sondern als Irrtum seiner Erkenntnis, als irrtümliches Resultat. Auch hier gilt, daß nicht die Wahrheit ans Licht kommt, sondern diese und jene Tatsache.

Es mag aus diesen Überlegungen nun auch schon hervorgehen, daß gerade der dem Wahrheitsbegriff eigene konkrete Aspekt der Faktizität den seiner Abstraktheit enthält, dieser gewissermaßen die Kehrseite von jenem ist. Die Wahrheit „absolut" gesetzt, d.i. losgelöst von einem sie ersetzenden der-Fall-sein, ist abstrakt im Sinne von leer. Das verschleierte Bild von Sais in Schillers Gedicht ist bekanntlich die Wahrheit. Schillers philosophisch besser als er geschulter Freund Chr. G. Körner fand die Darstellung in diesem Gedicht „vortrefflich, ... aber der Stoff hat für mich etwas Dunkles und Unbefriedigendes"[141]. Gleichgültig hier, daß der Jüngling, der die Wahrheit „als eine einzige, ungeteilte" sucht, eine „Schuld" begeht, als er gegen das Gebot der Gottheit den Schleier hebt und beim Anblick dessen, was er nun sieht, vernichtet wird — dunkel und unbefriedigend wie diese Allegorie ist der zur absoluten Wesenheit hypostasierte Begriff selbst, der immer die Frage nach dem Was (des Wahrseins) aufruft. Sollte sie nicht formuliert sein in der alten Frage des Pilatus des Johannesevangeliums „Was ist Wahrheit?" mit der er den Worten Jesu entgegnet: „Ich bin dazu geboren und in die Welt gekommen, daß ich für die Wahrheit zeugen soll" (Joh. 18,37)? Im religiösen Bereich braucht die Frage, was Wahrheit ist, nicht beantwortet zu werden, da Wahrheit identisch mit der Existenz Gottes ist, die nicht Gegenstand der Erkenntnis sondern des Glaubens ist.

Wahrheit unterscheidet sich von dem Guten und dem Schönen durch die Abstraktheit ihres Bedeutungsgehalts. Das Gute, das Schöne sind Qualitätsattribute, die auf eine Fülle von Erscheinungen der Natur und des menschlichen Lebens angewendet werden, der Relativität und der

---

[141] Körner an Schiller, 2.9.1795.

Komparativität unterliegen. Die Frage, warum etwas gut oder schön ist, kann denn auch auf die verschiedenste Weise beantwortet werden. Hier kann eingewendet werden, daß dem Guten und dem Schönen nicht die Wahrheit sondern das Wahre gleichgeordnet zu werden pflegt und in dieser Form gleichfalls eine Wertqualität ausgedrückt sei. Doch ist dies eine Täuschung, die durch die aus einer falsch verstandenen platonischen Tradition entstandene Angleichung dieses Begriffs hervorgerufen ist. Das Wahre hat keinen anderen Bedeutungsgehalt, keine andere Struktur als die Worte wahr und Wahrheit. Oder genauer: „das Wahre" in dieser substantivierten Form absolut gesetzt entbehrt wie der absolut gesetzte Begriff „Wahrheit" jeder Bedeutungserfüllung, die die Wahrbegriffe allein durch das Moment der Faktizität erhalten. In den „Fünf Schwierigkeiten beim Schreiben der Wahrheit" drückt Brecht diesen Sachverhalt aus: „... Wenn von einem gesagt wird, er hat die Wahrheit gesagt, so haben zunächst einige ... etwas anderes gesagt, eine Lüge oder etwas Allgemeines, aber er hat die Wahrheit gesagt, etwas Praktisches, Tatsächliches, Unleugbares, das, um was es sich handelt."[142] Sehr genau, wenn auch umwegig formuliert, fixiert Brecht die Strukturelemente des Wahrheitsbegriffs ald das, was jeweils der Fall ist (wobei eben in der Ablehnung des bloß Allgemeinen das Moment des jeweilig Faktischen erscheint).

In dieser Wahrheitsdefinition Brechts ist auch etwas von dem, was wir die Strenge des Wahrheitsbegriffs nennen können, enthalten. Es ist die Strenge der Genauigkeit und die Strenge der Forderung, *die Wahrheit zu sagen*. Und worauf schon oben im Zusammenhang der Wahrheitstheorien hingewiesen wurde: in dieser Forderung erhebt sich der Begriff der Wahrheit in das Gebiet der Ethik als ein, ja wir dürfen sagen *der* leitende Wertbegriff, der das menschliche Zusammenleben regelt. Aber die Wahrheit, die in dieser Forderung gemeint ist, ist die Wahrheit, die das ist, was der Fall ist (oder war): sie hat den genauen Sinn des Faktizitätsbezugs. Wahrheit, bedeutet dieser Zusammenhang, ist eine Kategorie der Realität des Lebens.

Sie ist es, und zwar gerade als ethischer Wert, auch noch in den lebensweisheitlichen Wahrheitsnennungen und Wahrheitsanrufungen, wie wir sie an einigen Beispielen zu interpretieren versuchten. Wo, wie z.B. in Goethes „Maximen und Reflexionen", Wahrheit aufgerufen wird, ist ein höchster Wert, sei es für die Erkenntnis, den Glauben oder das Han-

---

[142] B. Brecht, Gesammelte Werke. Frankfurt a.M. 1967, Bd. 18, S. 223.

deln gemeint und gesetzt. Und es wurde zu zeigen versucht, daß ein wie immer verdeckter Bezug auf „Seiendes" innerer oder äußerer Erfahrung darin verborgen ist.

Ganz anders aber als mit diesen zum Teil vagen, inhaltlich oftmals nicht nachvollziehbaren Wahrheitsnennungen verhält es sich mit der ästhetischen (künstlerischen, dichterischen) Wahrheit. Es wurde oben schon festgestellt, daß im Unterschied zu den allgemein lebensphilosophischen Wahrheitsbegriffen der Begriff der ästhetischen Wahrheit ein fixierter, schon traditionell gewordener ist, der als ein vom Konsensus getragener vorausgesetzt wird. Die Darlegungen der ästhetischen Wahrheitstheorien und auch nichttheoretischen Äußerungen haben dies reichlich belegt. Bei der Analyse dieser Theorien haben wir die Begriffe Wahrheit, Wahrheitsgehalt, Wahrheitsanspruch, die in ihnen auftreten, als solche sozusagen stehen lassen, um erst einmal nur die oftmals komplizierte Weise, auf die sie eingesetzt sind, zur Kenntnis zu bringen. Es mag aber gerade dadurch deutlich geworden sein, daß überall der Wahrheitsbegriff selbst unreflektiert geblieben ist. Einzig dort, wo im Rahmen einer realistischen Kunstauffassung der bildenden Kunst und der fiktionalen Dichtung der Bezug auf Wirklichkeit gemeint ist, erscheint ein genauerer Wahrheitsbegriff, wie auch die semantisch-linguistischen Wahrheitstheorien Anspruch auf Genauigkeit ihres Wahrheitsbegriffs machen. Die Frage nach dem Begriff der ästhetischen Wahrheit muß nun jedoch generell gestellt, das aber heißt an dem autochthonen Wahrheitsbegriff gemessen werden, dessen Struktur herauszuarbeiten versucht wurde.

Ästhetische Wahrheit genauer ins Auge gefaßt

Es ist im Grunde erstaunlich, daß auf der hohen Ebene der philosophischen Ästhetik der Begriff der Wahrheit angewendet wurde, ohne daß der Bedeutungsgehalt dieses Begriffs erwogen, ja ohne daß auch nur ein Blick auf seinen sozusagen natürlichen Gebrauch geworfen wurde. Nicht einmal die diesem Gebrauch noch einigermaßen entsprechenden Korrespondenztheorien wurden in diesen Ästhetiken berücksichtigt. Hier wurde vorausgesetzt und statuiert — statuiert, daß Kunst Erkenntnis sei und deshalb Wahrheit enthalte oder auf Wahrheit ziele, statuiert, daß sie eine neue Art von Wahrheit sei, etwa Wahrheit der Formen oder auch, daß sie nicht nur Wahrheitsgehalt besitze sondern auch Wahrheitsanspruch erhebe. Dieses spekulative Denken und Setzen ließ sich durch den semantischen Unterschied im Gebrauch des Wortes Wahrheitsgehalt in Aussagen wie diesen nicht stören: „Einen hundertprozentigen Beweis für den Wahrheitsgehalt seiner Informationen könne er jedoch nicht geben, räumte B. ein" (Stg.Ztg. 9.X.78) und „Der Wahrheitsgehalt der Werke ist nicht, was sie bedeuten, sondern was darüber entscheidet, ob das Werk an sich wahr oder falsch ist" (Adorno). Der semantische Unterschied dieser Aussagen besteht eben darin, daß wir beim Lesen der Zeitungsnotiz wissen, was der Wahrheitsgehalt einer Information besagt (nämlich etwas durch Fakten zu Verifizierendes), der Adornosche Satz uns dagegen im Unklaren über den Sinn dieses Wortes beläßt.

Nun findet sich aber unter den zahlreichen und, wie wir glauben zeigen zu können, keineswegs immer miteinander vereinbaren Festsetzungen gerade Adornos eine, die, ohne dies zu intendieren, hinweist auf den Grund, aus welchem die Begriffe Wahrheit und Wahrheitsgehalt des Kunstwerks nicht definiert werden können und sich selbst ad absurdum führen. Sie lautet: „Der Wahrheitsgehalt der Kunstwerke ist die objektive Auflösung des Rätsels eines jeden einzelnen. Indem es die Lösung verlangt, verweist es auf den Wahrheitsgehalt. Der ist allein durch philosophische Reflexion zu gewinnen" (193). Offenbar, und durch eine weitere Feststellung zugleich bestätigt und wieder ungültig gemacht, ist mit der „objektiven Auflösung des Rätsels eines jeden einzelnen (Kunstwerks)" als seines Wahrheitsgehalts nichts anderes als die Interpretation gemeint, die denn ja auch, ob auf der Höhe philosophischer Reflexion oder mit dem Kunstwerk angepaßteren Methoden, das Verfahren ist, durch das allein wir uns das Kunstwerk erschließen können. Das Wort Interpretation erscheint denn auch gleich darauf im Text Adornos: „Zugleich ist das Bedürfnis der Werke nach Interpretation als der Herstellung ihres Wahrheitsgehalts Stigma ihrer konstitutiven Unzulänglichkeit. Was objektiv in ihnen gewollt ist, erreichen sie nicht ... Sie haben den Wahrheitsgehalt und haben ihn nicht" (194). Diese Behauptungen führen nicht nur den Begriff der Interpretation — zweifellos mit gewollter Dialektik — ad absurdum, sie sind an sich selbst absurd. Dies hat seinen Grund in der Zuordnung der Begriffe Wahrheitsgehalt und Interpretation, womit das Problem der Aporie des Begriffes „ästhetische Wahrheit" berührt ist. Sehen wir aber zunächst von der Voraussetzung eines Wahrheitsgehalts der Kunstwerke ab, so ist es schwierig, einem dialektischen Denken zu folgen, das die Interpretation als Herstellung des Wahrheitsgehalts definiert, zugleich aber den Wahrheitsgehalt als nur intendierten, aber nicht erreichten gelten läßt. Damit wird offenbar die Funktion der Interpretation im selben Atemzug, in dem sie eingesetzt ist, wieder aufgehoben. Da ihr zugeschrieben ist, den Wahrheitsgehalt herzustellen, erlischt diese Funktion, wenn im Werk keiner vorhanden ist. Denn wenn gemeint sein sollte, daß die Interpretation den Wahrheitsgehalt der Kunstwerke herstellt, indem sie den gewollten aber nicht erreichten — bzw. die „Unbestimmtheitszone zwischen dem Unerreichbaren und dem Realisierten", die „ihr Rätsel ausmacht" (ebd.), — feststellt, so wäre wohl zu fragen, von welchem Standpunkt aus die Interpretation, und sei es auf die Weise philosophischer Reflexion, das nur Intendierte, aber im Werk nicht Erscheinende fest- oder gar herstellen sollte.

Doch scheint es nun kein Zufall, daß das „Wahrheitsgehalt des Kunstwerks" Benannte selbst als unbekannte ästhetische Größe im Raum dieser Statuierungen stehen bleibt, ja daß es mit dem Begriff der Interpretation nicht in Übereinstimmung gebracht werden kann. *Denn der Begriff der Wahrheit widerspricht dem der Interpretation, der Auslegung, der Deutung.* Das Moment der Faktizität, das ihn konstituiert, d.i. die Identität des Wahrseins mit dem, was jeweils der Fall ist, die Elemente der Nichtrelativität und Nichtsubjektivität, die darin enthalten sind — diese Begriffsstruktur kann Wahrheit nicht zum Gegenstand einer Methode der Interpretation machen. Es mag sein, daß bestimmte Methoden der Auslegung z. B. von Verhaltensweisen, Symptomen oder Indizien dazu dienen, der „Wahrheit auf die Spur zu kommen". Aber das kann nur im Bereich der Realität, z. B. des Gerichtsverfahrens, der Medizin, der Psychiatrie statthaben. Die Wahrheit, deren Findung solche Interpretationsmethoden dienen, ist die des der-Fall-seins, des Tatbestands. Es ist denn auch unmittelbar deutlich, daß die Interpretation von Symptomen und Indizien nicht von derselben Art ist wie die Interpretation von Werken der Kunst. Jene sucht nach Ursachen und stellt kausale Beziehungen her, d.h. sie nimmt mehr oder weniger den Charakter der Erklärung an. Die Interpretation des Kunstwerks hat es nicht mit Symptomen und Indizien eines Sachverhalts zu tun, sondern mit allen den Elementen, die ein Kunstwerk ausmachen und je nach seiner Gattung verschiedener Art sind. Sie bewegt sich allein im Raum des Kunstwerks selbst, und auch da, wo sie positivistisch, soziologisch, psychoanalytisch usw. gesteuert ist, kann sie niemals auf Wahrheit, die

Wahrheit des der-Fall-seins stoßen, die allein den Sinn Wahrheit erfüllt. Das heißt: sie verbleibt auch als positivistische, marxistische, psychoanalytische oder existentialistische Interpretation im Bereich der *Deutung. Im Bereich der Deutung, der derjenige der Kunst ist* — und im strengen Sinn dieser allein von allen übrigen Gebieten des Lebens — *hat der Begriff der Wahrheit keinen Ort.* Denn der Deutung kann eine andere Deutung entgegengesetzt werden, ohne daß es eine Instanz gäbe, die über die „Wahrheit", ja auch nur die Richtigkeit dieser oder jener Deutung mit der Unwidersprechlichkeit des der-Fall-seins entschiede. Dies ist an sich eine banale Feststellung, was ein Blick auf den Deutungspluralismus der Kunst- und Literaturwissenschaften lehrt. Da aber der Begriff und das Verfahren des Deutens und Interpretierens die Statuierung ästhetischer Wahrheit nicht verhindert hat, mußte diese Feststellung gemacht werden.

Die Hegelsche Ästhetik erwies sich als ein großes Beispiel dafür, wie wenig ein noch so philosophisch begründeter Begriff ästhetischer Wahrheit bei der Beurteilung und Interpretation der Kunstwerke selbst anwendbar ist. Und wenn wie in der Heideggerschen Deutung von van Goghs Schuhgemälde Wahrheit wirklich einmal für die Interpretation eingesetzt wird, — indem als die sich entbergende Wahrheit der gemalten Schuhe das Zeugsein des Zeugs bezeichnet wird — so kommt diese vermeintliche Evidenz von Wahrheit auf die subjektive Auffassung des Philosophen hinaus, und zwar nicht nur des Gemäldes, auch des Wahrheitsbegriffes selbst. Wo aber wie in den semantischen auf literarische, vor allem erzählende Werke angewandten Wahrheitstheorien wahre von nicht wahren Aussagen unterschieden und an ihnen der Wahrheitsgehalt oder -anspruch eines Romans festgestellt wird, liegt eine Verkennung der Fiktionsstruktur vor, ebenso wie ein willkürlich definierter Wahrheitsbegriff.

Es zeigt sich, und zwar als ein höchst nüchternes, aber, wie mir scheint, der Praxis der Kunstkritik entsprechendes Resultat der Prüfung der ästhetischen Wahrheitsbegriffe, daß sie als solche, als Wesensmerkmal der Kunst und gar der Kunstwerke eben dies, den Begriff der Wahrheit nicht erfüllen. Denn dieser widersetzt sich der Seinsweise des Kunstwerks, der Kunst. In ihrem Bereich verliert Wahrheit den Bedeutungsgehalt, der sie konstituiert: identisch zu sein mit dem, was der Fall ist. Der Begriff der ästhetischen Wahrheit ist ein in sich selbst widerspruchsvoller Begriff und insofern als Aporie zu bezeichnen.

Selten sind unter den Kunst- und Literaturtheoretikern die Stimmen, die sich ausdrücklich gegen die Annahme ästhetischer Wahrheit vernehmen ließen. Eine solche Stimme war die Edgar Allan Poes, der, selbst ein Dichter, dazu besonders legitimiert war. In seinem Essay „The Poetic Principle" (1849) wendet er sich gegen die Annahme, daß das letzte Ziel aller Dichtung Wahrheit sei. Wahrheit ist hier verstanden als eine „Moral", eine Lehre, die das Gedicht enthalten müsse. Dieser mißbräuchlichen Auffassung von Dichtung — wobei hier die lyrische gemeint ist — und von Wahrheit begegnet Poe mit der Betonung der Zweckfreiheit des Gedichts und, worauf es hier besonders ankommt, der Verehrung der Wahrheit („deep reverence for the True"). Auch er, wie Brecht, hebt die Strenge hervor, die der Wahrheit innewohnt: „The demands of Truth are severe." Diese Strenge verbietet es, daß ihr in einer poetischen Sprache zur Geltung verschafft werde. „In enforcing a truth, we need severity rather than efflorescence of language."[143]

Rigoroser noch und ausgehend von der Existenzweise der Kunst, der „ästhetischen Sphäre", der „Ausdruckswelt" hat Gottfried Benn den „Stil" als „der Wahrheit überlegen" erklärt[144] und an anderer Stelle sich gegen Heideggers Behauptung, Kunst sei „das Sich-ins Werk-Setzen der Wahrheit" gewandt. „Welche Wahrheit ist denn das nun wieder — die Wahrheit aus Skizzen und Entwürfen, aus Manufaktur, oder wird die Wahrheit vielleicht nur erwähnt, um die Initialen der Philosophie zu präsentieren, denn in der Kunst geht es ja nicht um Wahrheit, sondern um Expression."[145] Gewiß bedenkt Benn hier nicht weiter die Heideggersche Wahrheitsphilosophie. Aber was hier zum Ausdruck kommt, ist die Einsicht des Dichters, der auch Naturwissenschaftler (Arzt) war, daß die „gemachte" — „aus Manufaktur" — Welt der Kunst mit Wahrheit nicht befaßt ist.

Poe und Benn sprechen von ihrer Erfahrung als Lyriker her; sie wehren sich gegen den von anderen behaupteten „Wahrheitsanspruch" der Dichtung, weil sie das Gedicht als Gebilde ihres rein dichterischen, sprachschöpferischen Impulses begreifen. Aber es ist bezeichnend, daß sie, die Initiierten, nun nicht irgendeine ästhetische Wahrheit dieses Gebildes proklamieren, eine Wahrheit der Formen oder des Dichterischen schlechthin. Aus Respekt vor dem strengen Begriff Wahrheit weisen Poe und Benn dies zurück. — An einer Stelle seines Werkes hat auch

---

[143] E. A. Poe, Tales, Poems, Essays. London and Glasgow 1952, S. 489.
[144] G. Benn, Doppelleben. Gesammelte Werke, Wiesbaden 1961, Bd. 4, S. 159.
[145] G. Benn, Altern als Problem für Künstler, a. a. O., Bd. 1, S. 578.

Schiller das getan, obwohl in gereimter Form als Theoretiker: am Schluß des „Wallenstein"-Prologs, der mit dem zum geflügelten Wort gewordenen Vers endet: „Ernst ist das Leben, heiter ist die Kunst." Der Prolog steht nicht der ganzen Trilogie voran, sondern nur „Wallensteins Lager", und der Schlußvers ist die Quintessenz aus den fünf vorausgehenden, die sich auf die alte deutsche Knüppelreimform des „Lagers" beziehen, „des Reimes Spiel", stellvertretend aber für die Kunst, die heiter ist, weil sie Kunst, d.h. Spiel ist. Sie ist heiter, auch wenn ihr Stoff „düstere Wahrheit", die düstere Wirklichkeit des dreißigjährigen Krieges ist. Der „Muse" ist zu danken, „daß sie das düstere Bild / Der Wahrheit in das heitere Reich der Kunst / Hinüberspielt, die Täuschung, die sie schafft, / Aufrichtig selbst zerstört und ihren Schein / Der Wahrheit nicht betrüglich unterschiebt". Genauer als in den Zusammenhängen seiner beiden Abhandlungen über die tragische Kunst behandelt Schiller in diesen wenigen Versen die Wahrheit als den Gegensatz zur Kunst. Wahrheit steht hier für die — in diesem Fall historische — Realität, die als Stoff der Kunst in Schein verwandelt vom Ernst des Lebens frei, heiter ist.[146] Meisterhaft ist hier gesagt, daß dieser Schein nicht dasselbe ist wie Täuschung, daß aus dem Schein des Lebens, den die Kunst erzeugt, für die Wahrheit nichts entnommen werden kann. Bemerkenswert ist, daß Schiller so wenig wie Poe und Benn nun eine poetische Wahrheit geltend macht. Will er zwar „die Wahrheit

---

[146] Nicht zufällig ist in Hans Magnus Enzensbergers Dichtung „Der Untergang der Titanic" (Frankfurt a.M. 1978) gleich nach dem „Zweiten Gesang" unter dem Gemäldetitel „Apokalypse. Umbrisch, etwa 1490" der Maler beschrieben, wie er dieses Bild malt, „bis daß der Weltuntergang / glücklich vollendet ist" (S. 13). Der erste und der zweite Gesang schildern wie die meisten der zweiunddreißig Gesänge das Geschehen dieses berühmten Schiffsuntergangs am 14. April 1912 (wobei die Eigenart und dichterische Qualität dieser Schilderung nur angemerkt sei). Aber einer, und zwar ein zentraler der vielfachen Aspekte dieser Dichtung ist die Problematik, die damit gegeben ist, daß, wie es Schiller gesagt hat, „das düstre Bild der Wahrheit in das heitre Reich der Kunst" hinübergespielt wird. „Die Wahrheit" heißt es an späterer Stelle und wiederum in der Einlage einer Bildbeschreibung, „Die Wahrheit / das dunkle Fenster dort in der Ecke, / die Wahrheit ist stumm" (S. 84). Der Dichter unserer Zeit bedenkt das Problem umfassender und dialektischer als Schiller. Und der Untertitel der Dichtung „Eine Komödie" dürfte nicht das *heitere* Reich der Kunst meinen, sondern — unter vielem anderen — das groteske Bild, das jener im Gedächtnis der Geschichte eigentümlich hartnäckig bewahrte

zu Fiktion", nämlich die Realität zu Schein machen, so doch eben nicht, wie der Schriftsteller unserer Zeit, Wolfgang Hildesheimer, „die Fiktion zu Wahrheit". Genau vermeidet es Schiller, dem eindeutigen Begriff der Wahrheit den nicht einmal mehrdeutigen sondern, wie man sagen könnte, nulldeutigen, d.h. bedeutungsleeren der Kunstwahrheit, der ästhetischen Wahrheit gegenüberzustellen.

Daß die Rede von „künstlerischer Wahrheit" eine „durch ihre Uneigentlichkeit irreführende Metapher" ist, hat denn auch der Wiener Philosoph Friedrich Kainz in seinen „Vorlesungen über Ästhetik" (1948) nüchtern ausgesprochen. Er bezeichnet sie als Metapher etwa für „Widerspruchslosigkeit, Insichgeschlossenheit des Kunstwerks, Lückenlosigkeit der hier aufgebotenen Motivation, Glaubhaftigkeit . . ."[147] — jene Unbestimmtheit, die Goethe in affirmativem Sinne als aus der Konsequenz eines Kunstwerks entspringende innere Wahrheit bezeichnet hatte.

Es waren die seltenen kritischen, eine ästhetische Wahrheit desavouierenden Stimmen, die zu Gehör gebracht werden sollten. Den drei Dichtern, die hier als Theoretiker sprechen, gemeinsam ist, daß sie in Erkenntnis des echten Begriffs der Wahrheit als einer Kategorie der Realität ihn vor seinem Mißbrauch als ästhetische Kategorie, die Schiller sogar „betrüglich" nennt, zu bewahren unternehmen. Ihre kurzen Äußerungen sind Zeugnis dafür, daß solche Einsicht nur auf Grund dieser Erkenntnis gewonnen werden kann. Sie darüber hinaus durch eine Analyse der Wahrheitsstruktur zu begründen, war die Aufgabe der vorliegenden Schrift gewesen.

Doch ist diese Aufgabe noch nicht ganz zu Ende geführt. Denn indem wir zwar die mannigfaltigen Theorien und Meinungen über die Kunst-

---

Schiffsuntergang in einer bürgerlich kapitalistischen Welt, kurz vor deren Untergang selbst, gerade als „Geschichte" bietet, nicht als Wirklichkeit, sondern eben als auf verschiedenste Weise „dargestellte Wirklichkeit" (der Untertitel von E. Auerbachs Buch „Mimesis"). Die Wahrheit bleibt „stumm", „Weil die Wörter zu spät kommen / oder zu früh" (S. 61), ja weil „. . . der Unterschied / zwischen einer Schwimmweste und dem Wort *Schwimmweste* / ist wie der Unterschied zwischen Leben und Tod" (S. 99). Auch hier ist nicht irgendeine „dichterische" Wahrheit der Wirklichkeit abgewonnen oder ihr entgegengestellt, sondern es ist Wahrheit aus dem Bereich der Kunst, der Dichtung verbannt, ja bezeichnet mit dem alten Wort, „daß die Dichter lügen" (S. 61).

[147] F. Kainz, Vorlesungen über Ästhetik. Wien 1948, S. 113.

oder ästhetische Wahrheit darzulegen versuchten, haben wir nicht ausdrücklich zu der Frage Stellung genommen, in welchem Sinne jeweils diese Wahrheit gemeint ist. Oder genauer: wenn in diesen Theorien Wahrheit, Wahrheitsgehalt und Wahrheitsanspruch der Kunst aufgerufen wird (am intensivsten bei Adorno) — wie wird begründet, daß diese Wahrheit *ästhetische* Wahrheit sei? Sehen wir jetzt davon ab, daß überhaupt der Wahrheitsbegriff als solcher mehrenteils unreflektiert eingesetzt wird, so genügt es ja nicht, sie nur deshalb weil der Kunst Wahrheit zugeschrieben wird, als Kunstwahrheit zu deklarieren. Kann die Frage beantwortet werden, welches die spezifisch künstlerischen Mittel sind, die solche Wahrheit hervorbringen? Die Absicht ist leicht proklamiert, die Fiktion zu Wahrheit zu machen. Weniger leicht läßt sich ermitteln oder vom Künstler her angeben, wie die Fiktion die Wahrheit macht. Leicht läßt sich mit Max Liebermann sagen, die künstlerische Wahrheit sei die Poesie, mit der das Genie die Welt auffaßt. Schwieriger ist es, festzustellen, womit diese Poesie als Wahrheit hervorgebracht ist, oder — wenn allenfalls die Poesie (etwa der Farben, Ausdrucksgebung oder Stimmung) — wie durch sie die Wahrheit?

Ist auf dem Standpunkt einer realistischen Kunstauffassung ein konkreter Sinn von Wahrheit gemeint, Natur- oder Lebenswahrheit, so bleibt die Frage, wie sich solche Wahrheit als ästhetische manifestiere, gleicherweise unbeantwortbar. Der amerikanische Philosoph John Hospers hat versucht, mit dem Begriff truth-to (statt truth-about) dem Sinn von künstlerischer Wahrheit (artistic truth) gerecht zu werden. So kann „a character in a novel true-to some human type" und damit „true-to life" sein.[148] Hospers exemplifiziert das an der Figur der Betty Sharp in Thackeray's „Vanity Fair" als einem Beispiel von wiederkehrenden Typen „more clearly set forth in works of literature than they are ever exemplified in human beings", sie sind „more true than life itself ... more revealing of human nature than any individual person"[149]. Die Manipulation mit dem Begriff „wahr" wird hier deutlich, und sie enthüllt zugleich die Unvereinbarkeit der im Begriff „künstlerische Wahrheit" zusammengeführten Aspekte. Wenn die Romanfigur einen Typus repräsentiert, wie er niemals durch reale Menschen verkörpert werden kann (was im Falle dieses Beispiels freilich nicht so ohne

---

[148] J. Hospers, Meaning and Truth in the Arts. Chapel Hill 1946, S. 162.
[149] Ebd., S. 163.

weiteres behauptet werden kann), so ist sie nicht „wahrer" als diese Realität. Sondern die Romanfigur Becky Sharp ist als solche eine köstlich gestaltete Figur. Was der Leser erlebt, ist die Figuren gestaltende Kunst des Autors, d. h. die ästhetische Qualität dieses Romans, doch nicht eine Wahrheit, die eben nicht aus dem Roman selbst, sondern aus dem Leben bezogen wäre, in dem der Leser möglicherweise „Typen" wie dieser Becky Sharp begegnet sein könnte. Eine im und durch den Roman erlebte Wahrheit wäre damit abhängig vom Erfahrungshorizont des jeweiligen Lesers, derart daß ein Leser, der gerade diese Erfahrung nicht gemacht hat, kein Wahrheitserlebnis hätte. Unwillkürlich, aber mit umgekehrter Folgerung wird das von Hospers zugestanden. Wenn wir eine Figur „untrue to human nature" finden, betrachten wir das als einen ernsthaften Fehler des Werkes. Auf diese Weise hatte auch, wie oben zitiert Nicolai Hartmann Schillers „Räubern" Verzeichnung der Wirklichkeit und deshalb Unwahrheit attestiert.

Sehen wir aber jetzt von der beschränkten realistischen Kunstauffassung in diesen Auslegungen ästhetischer Wahrheit ab; aufzuzeigen war, daß Wahrheit nicht als *ästhetische* Wahrheit nachgewiesen werden kann. Entweder erweist sie sich als eine Kategorie der Realität oder besser der Realitätserfahrung des Beurteilers, an der das Kunstwerk gemessen wird, oder — und dies ist der weit wichtigere Tatbestand — als ein zusätzlicher aber bedeutungsleerer Begriff für die jeweils an einem Werk erfahrenen ästhetischen Qualitäten, ja vielleicht noch häufiger und unreflektierter für einen interpretierten, mehr oder weniger hintergründigen Sinngehalt, der als Wahrheitsgehalt bezeichnet wird. Der Bereich der Kunst und der Bereich der Wahrheit sind voneinander getrennte Bereiche. In dem Begriffsgefüge „ästhetische Wahrheit" geht der Begriff der Wahrheit seines Bedeutungsgehalts verlustig: identisch zu sein mit dem, was der Fall ist. Hier liegt, wie man sagen kann, der semantische Grund, daß Wahrheit niemals als ästhetische aufgewiesen werden kann. Und es hängt damit zusammen, daß beim Verfahren der Interpretation von Bildern, Dichtungen, Musikwerken wir uns der Wahrheitskategorie nicht bedienen können: sie stellt weder ein Interpretationsinstrument noch ein Interpretationsresultat dar. Es bleibt einer Kunst*philosophie* unbenommen, die These aufzustellen, Ästhetik, die nicht in der Perspektive auf Wahrheit sich bewegt, erschlaffe vor ihrer Aufgabe (Adorno). Von der Interpretation eines Kunstwerks aber gilt, daß sie vor ihrer Aufgabe erschlaffte, *wenn* sie in der Perspektive auf Wahrheit sich bewegte.

Zu Anfang unserer Erörterungen waren die Äußerungen vornehmlich und nicht zufällig von bedeutenden Dichtern und Schriftstellern angeführt worden, die mit ihren Werken der Wahrheit zu dienen bekennen. In der Tat ist zwischen den Bekenntnissen der Schöpfer der Kunstwerke und den Erkenntnissen der Kunstkritiker und Ästhetiker zu unterscheiden. Wenn wir das Recht haben, die Begriffe, mit denen diese arbeiten, die Aussagen, die sie machen, der Prüfung zu unterziehen (die natürlich ihrerseits der Kritik ausgesetzt ist), so dürfen wir nicht ebenso mit den Aussagen der Künstler verfahren. Wenn sie als ihre Aufgabe sehen, „die Wahrheit zu formen" (Thomas Mann), als den „Helden einer Erzählung die Wahrheit" nennen (Tolstoi), bekennen, Kunst entspringe der Sehnsucht sowohl nach Schönheit als auch nach Wahrheit (W. H. Auden) oder daß von der Lust, die Wahrheit zu sagen, das Gelingen jeden Werkes abhänge (Günter Kunert) und endlich Goethe der Dichtung Schleier aus der Hand der Wahrheit empfängt (da wir das lyrische Ich der „Zueignung" wohl mit seinem Dichter identisch setzen dürfen), so sind wir nicht befugt, sie sozusagen zu desavouieren. Über die Impulse ihres künstlerischen Tuns, und wie sie sie benennen, haben wir nicht zu urteilen. Eines ist das Verhältnis des Künstlers zu seinem Werk, mit dem er identisch ist, ein anderes die objektive, urteilende Haltung des Kritikers zu den Werken, die nicht die seinen sind. Das Wort Wahrheit im Munde des Kritikers und Kunstphilosophen hat eine andere Bedeutung und Funktion als in dem des Künstlers. Jenes kann in bezug auf seine Richtigkeit geprüft werden, dieses nicht.

In welchem Sinne aber auch die Künstler und Dichter von der Wahrheit ihres Schaffens und ihrer Werke sprechen — es sagt nichts über die Kunstwerke als *Kunst*werke aus, geht nicht als ästhetische Kategorie in sie ein. Braucht denn ja auch ein solcher Wahrheit benannter Impuls keineswegs ein Kunstwerk hervorzubringen, sondern ebensogut einen Trivialroman oder ein geringwertiges Bild. Wahrheit ist weder im subjektiven Sinn des Wahrheitswillens noch im objektiven der Kunstwahrheit eine ästhetische Kategorie. Sie ist eine Kategorie der Realität und hat als solche alle die „einzigartigen" Eigenschaften, die sie unbrauchbar im Bereiche der Kunst, dem Bereich der Formen und der Bedeutungen und deshalb der Deutungen machen.

Es war die Bemühung unserer Analyse der ästhetischen Wahrheitstheorien, den in ihnen eingesetzten Wahrheitsbegriff als einen bedeutungsleeren und den Begriff der ästhetischen Wahrheit als eine Aporie aufzuzeigen, umgekehrt aber und eben damit Wahrheit vor ihrem Mißbrauch im Bereich der Kunst zu „retten" und sie in ihrer letzlich ethischen Bedeutung als leitenden Wertbegriff des menschlichen Lebens und der menschlichen Gesellschaft zu verstehen.

In sechs gewaltigen Versen hat, wie ich glaube, Paul Celan ausgesprochen, was die vorliegende Arbeit zu begründen versucht hat.

> Ein Dröhnen: es ist
> die Wahrheit selbst
> unter die Menschen
> getreten,
> mitten ins
> Metapherngestöber.
>
> Atemwende

Daß es sich hier um eine Deutung handelt, der eine andere Deutung entgegengesetzt werden kann, darf nur als Bestätigung dessen, was ich zu zeigen versucht habe, gelten. Auch die Deutung eines Gedichts, dessen Gegenstand die Wahrheit ist, kann diese für sich selbst nicht in Anspruch nehmen.

Namenregister

Adorno, Th. W.   10, 14, 75, 76–89, 111, 126f., 136f., 143
Améry, J.   1
Aristoteles   16, 18
Assunto, R.   48 (Fußn.)
Auden, W.H.   9, 144
Augustinus   21f., 27, 28, 32, 39
Austin, J.L.   114
Ayer, A.J.   20

Beardsley, M.C.   116–118, 119, 120, 121, 124 (Fußn.)
Benjamin, W.   103, 104–110
Benn, G.   139
Brecht, B.   134
Brentano, F.   24
Bubner, R.   77 (Fußn.)
Burckhardt, S.   92

Cassirer, E.   63
Celan, P.   145
Cohen, H.   67 (Fußn.)

Doerne, M.   35
Dostojewskij, F.   29

Enzensberger, H.M.   140 (Fußn.)

Fielding, H.   95
Fiedler, C.   65–67
Fontane, Th.   9, 99f.
Frege, G.   14, 19f., 28, 113, 114, 117, 129, 130, 131

Gabriel, G.   118–123
Gadamer, H.G.   10, 63, 75f.
Goethe, J.W.v.   9, 33, 36–39, 79, 98–100, 104–110 (s. Benjamin) 134, 141, 144
Van Gogh   68–72 (s. Heidegger)
Gottsched, Chr. G.   96f., 115

Literaturwissenschaft

Käte Hamburger
Die Logik der Dichtung

1977, dritte Auflage, kartonierte Studienausgabe, 272 Seiten
ISBN 3–12–910910–2

,,Die Logik der Dichtung" von Käte Hamburger ist in zwei Auflagen zu einem Standardwerk geworden. In dieser dritten Auflage soll es auch den Lernenden leicht zugänglich werden. ,,Käte Hamburger ,Logik der Dichtung' ist der umstrittenste und zugleich bedeutendste Beitrag der deutschen Germanistik zur Allgemeinen Literaturwissenschaft seit dem Zweiten Weltkrieg. Ihre zentrale Leistung ist eine Theorie der Dichtungsgattungen, die erstmals auf einer Sprachtheorie der Dichtung begründet ist . . ." (Frankfurter Allgemeine Zeitung)

Käte Hamburger
Rilke. Eine Einführung.

1976, 199 Seiten, kartoniert ISBN 3–12–903390–4

Käte Hamburger geht es nicht um Einzelaspekte. Ihre Einführung in das Gesamtwerk gründet sich auf die Erkenntnis, daß Rilkes Schaffen von nur einer Thematik bestimmt ist, einer Problematik, die von Anfang an da ist und in deren Raum Sinn und Form seiner Dichtung sich entfalten. Den ,,Gegenständen gegenüber dazusein, still, aufmerksam, als ein Seiendes, Schauendes, Um-sich-nicht-Besorgtes" – so benennt ein Brief aus Toledo die Aufgabe des Dichters.
Was man bisher nur an den berühmten ,,Dinggedichten" wahrnahm, läßt die genaue Analyse der Interpretin als fortdauerndes Grundmotiv erkennen: das Bemühen um Überwindung der Fremdheit, der Getrenntheit des Ich-sagenden Menschen vom außermenschlichen Sein.

Fritz Martini
Geschichte im Drama – Drama in der Geschichte
Mit einem Vorwort von Volker Klotz und Heinz Schlaffer

1979, 372 Seiten, englisch broschiert ISBN 3–12–935510–3

Daß das Drama Gesellschaft zu seinem Thema und Geschichte zur Handlung macht, bewirkt Veränderungen seiner Formen. An ihnen läßt sich ablesen, welche historischen Voraussetzungen sich verändert, welche sozialen und ästhetischen Orientierungen sich verschoben haben. Um diese Prozesse zu erkennen, ist es notwendig, Form als innere Organisation, nicht als äußerliche Kennzeichnung zu verstehen. Martinis Untersuchungen des Dramas zwischen dem Ende des 17. Jahrhunderts und der ersten Hälfte des 19. Jahrhunderts, zwischen Chr. Weise und Chr. D. Grabbe, gelten diesen Formwandlungen.

Fritz Martini
Das Wagnis der Sprache
Interpretationen deutscher Prosa von Nietzsche bis Benn
1970, 6. Auflage, 535 Seiten, Leinen ISBN 3–12–905530–4

,,Dem ‚Wagnis der Sprache' ist Martini an zwölf Einzelinterpretationen
von Texten nachgegangen, die in Thema, Gehalt und Gestalt dichterischen Rang beanspruchen dürfen. Die ausgewählten Textstellen sind
knapp, umfassen jeweils nur einige Seiten, sind aber so ausgewählt, daß
sie das Gesamtwerk des behandelten Autors beispielhaft vertreten.
Interpretationen des Einzelwerkes, Verständnis des Gesamtwerkes
eines Dichters, Deutung der Epoche wird in jedem Kapitel vermittelt;
zugleich möchte Martini seine Ausführungen als Vorstudien zu einer
Literaturgeschichte der neueren Zeit betrachtet wissen . . .".
Mitteilungen des Deutschen Germanisten-Verbandes

Fritz Martini
Lustspiele – und das Lustspiel
J. E. Schlegel, Lessing, Goethe, Kleist, Grillparzer,
G. Hauptmann, Brecht.

1974, 276 Seiten, kartoniert ISBN 3–12–905640–8

,,In seinen einführenden ‚Überlegungen zur Poetik des Lustspiels' sucht
Martini das Spezifische des Lustspiels im Rahmen der dramatischen
Dichtung zu fixieren und gegenüber dem ernsten Schauspiel und der
Tragödie abzugrenzen: Es gibt kein ‚ideales' oder ‚reines' Lustspiel, doch
es gibt eine typologische oder spezieshafte Strukturierung des Spiels,
die international auf die Wirkungselemente des Komischen, der Impulse
zum Lachen und des befreienden Endes zielt und aus dieser Intention
den Bau des Spiels entwickelt. Diese vom Autor auch zugegebene Isolie-
rung mindert nicht den Wert der einzelnen Beiträge, die bereits Anstoß
zu weiteren kritischen Auseinandersetzungen gegeben haben."
Wissenschaftlicher Literaturanzeiger, Freiburg

Fritz Martini (Hrsg.)
Probleme des Erzählens in der Weltliteratur
Festschrift für Käte Hamburger
zum 75. Geburtstag am 21. September1971

1971, 144 Seiten, Leinen ISBN 3–12–903300–9

Dieses Buch ist keine Festschrift im üblichen Sinn. Gelehrte des In- und
Auslandes haben die Bedeutung des literaturwissenschaftlichen Neuan-
satzes von Kätze Hamburger erkannt und auf die historische Forschung
ebenso wie auf die linguistisch verfahrende Poetik übertragen.

Klett-Cotta